JN307964

京大理系教授の伝える技術

鎌田浩毅
Kamata Hiroki

PHP新書

京大理系教授の伝える技術

目次

序章 人間は四つのタイプに分けられる

第1章

京大教授の「伝える技術」

第2章

相手の「価値観」を知る

第3章 自分を知って相手に合わせる

第4章 「伝える技術」の達人になる

イラスト――桂 早眞花

序章

人間は四つのタイプに分けられる

ポイントは「価値観の橋渡し」

どうすれば自分の伝えたいことを、上手に人に伝えることができるのか――。

長いあいだ私はずっと悩んできました。

あるとき、話がうまく通じないのは「価値観」が合わないからだと、カウンセリングを専門に研究している友人が教えてくれました。

よく耳にするこの「価値観」という言葉。私なりに定義すれば、何かを理解する際に、その人が大切にしている基準の優先順位、あるいは「考え方の枠組み」のことです。「頭の中で理解されていくプロセスやパターン」と言ってもよいでしょうか。

自分と他人とは考え方の枠組みが違うから、コミュニケーションがうまくいかない――どうやら、こういうことのようです。

人に自分の意図を上手に伝えるためには、価値観がキーワードらしい。ということは、他人の価値観がよくわかるようになることが、人づきあい上達の秘訣《ひけつ》となるのです。

このような観点で人間関係を見ていくと、いろいろなことに気づくようになりました。そして、案外とうまく伝えられるのではないかと思えるようになったのです。

そこで私は、周囲の人たちを相手に、ちょっとした実験をしてみたのです。その結果、たしかに自分の価値観と他人の価値観が通じ合えたときには、良好な人間関係を築けることがわかってきました。

じつは、この話にはきちんとした裏づけがあります。心理学では、こうした作業を「価値観の橋渡し」と呼んでいます。

橋渡しがうまくいくようになること。これが、この本のメインテーマ。橋渡しが上手にできる人こそが「伝える技術」の達人なのです。

「伝える技術」の達人は何を知っているのか

実際、世の中には「伝える技術」の達人が少なからずいます。

たとえば、幕末に薩摩と長州のあいだをみごとにとりもった坂本龍馬は、その代表ともいえます。多くの人たちと上手につきあい、仕事を円滑に進めることができる達人の技。彼らは他人の異なる価値観に合わせるノウハウをもっているのです。その知恵はだれもが知りたいと願うでしょう。私もそうです。

そこで私は「伝える技術」の達人たちの頭の中にあることを、科学者の方法論でバラバラに分解して解読してみようと試みました。

本書で言う価値観には、二つのカテゴリーがあります。

一つ目は、その人がもっている「基礎知識」の量。それは、読み書きなどの学力であったり、経験量の違いであったりします。

アフリカの人たちに積雪の苦労話をしても、理解されないでしょう。また、ワインのおいしさを小学生に語っても、ピンとくるわけがありません。自分がふだん使っている「言葉の辞書」のなかに入っていない内容は、当然ながら理解できないのです。このように基礎知識が欠けている場合には、互いの価値観は合いません。

二つ目は、頭の中の「思考パターン」。たとえば、何事も一つひとつ理解しなければ次の話題を考えられない、という人がいます。一方、細かいことはどんどん省いてポイントだけを押さえて、話を先に進めたい人もいるでしょう。

この二人が会話をしたら、なかなか話がかみあいません。その理由は、思考パターンとしての価値観が生まれつき異なっているからです。価値観の違う者どうしでは、もともとコミユニケーションはうまくいかないものなのです。

こうしたケースでは、自分とは異なる相手の価値観がよく見えるようになることが大切となります。まずは自分と他人の価値観の違いを意識すること。それが人づきあい上達のベースとなります。

そして自分の価値観を相手に上手に伝えられたときに、意思の疎通がうまくいくのです。両者の価値観が通じ合ったときにはじめて、良好なコミュニケーションが生まれるのです。

人には「生き方の旗印」がある

ここで、相手の価値観を推《お》し量《はか》る具体的な方法を紹介しましょう。

「生き方の旗印《はたじるし》」という便利な考え方があります。だれでも、人生でもっとも大切にしていることがあるものです。仕事を第一に考えている人、家族をいちばん大切にしている人。あるいは、趣味のために生きている人もいるかもしれません。言い換えれば「人生の優先事項」と言ってもよいでしょう。

こうした優先事項を見ていくと、「生き方の旗印」には四つあることに気づきます。

つまり、人は「安楽指向型」「王様型」「気くばり型」「主導権型」の四つのタイプに分かれるのです。

もちろん血液型のように、すべての人がきれいに分類できるわけではないのですが、とりあえず分けてみると、相手が格段に理解しやすくなるのです。

ではさっそく、四つのタイプを一つずつ説明していきましょう。

自分では決められない「安楽指向型」

このタイプは「いつでも楽をしたい」人です。どのような場合でも、自分が楽になるように行動するのです。

たとえば、人気マンガ『釣りバカ日誌』のハマちゃんのような人物といえばわかりやすいでしょうか。楽といってもあくまでも刹那《せつな》的なので、効率的な生き方は決してせず、出世も望みません。

このタイプの人のそばにいると和《なご》んだり、ゆったりとした気分になれます。だからハマちゃんが働いている会社の社長であるスーさんは、いつもハマちゃんといっしょにいたがるの

自分では
決められない
(人生楽《ラク》したい)
「安楽指向型」
仕事より趣味～
仕事してよっ
ブツ
ブツ
和気あいあい♪
君といると
なごむなぁ
社長

です。

一方で、安楽指向型の人は、責任を負う行動はできるだけ避けたいと思っています。意見を求められると、曖昧《あいまい》な答えしか返ってきません。責任のある発言をしたがらないのです。したがって、もし仕事の同僚としてこういう人がそばにいると、その優柔不断な態度にイライラすることもあるはずです。

安楽指向型の人は「あなたが決定してください」と言われると、かえって負担になります。そもそも大役をまかせたり、リーダーに推挙したりするのには向いていないのです。このタイプの人は、たとえ仕事が早くできなくても、そっとしておいて、好きなようにさせてあげるのがいちばんなのです。

近づきがたい「王様型」

このタイプの人は「どんなときでも偉い人物でいたい」と思って生きています。人から一目置かれることを信条にしており、何事もさっさとこなしてしまいます。一般的には、あこがれの対象、尊敬される人物としてあげられることが多いようです。

一目おきなさいよ
尊敬してね
フフフ
カリスマ〜〜
あんたが
大将!!
でございます!!
きぱ
てき
近づきがたい
「王様型」

シーザーやナポレオンなどの豪傑がこの典型ですが、こうした英雄を好む人こそ、このタイプの特徴といえます。会社や学校では目立ちたがりで、うまくいけばカリスマと呼ばれることもあります。

王様型の人は、周囲からは雲の上の人と思われがちです。そのため、近づきがたいイメージがつきまといます。もしナポレオンが職場で隣に座っていたら、それこそ息苦しさを感じるのではないでしょうか。天才肌の人が多いので、相手に能力不足を痛感させてしまうこともあります。

王様型の人は、社長やスターに見られ、ＶＩＰ対応されることが何より大好きです。「あんたが大将」ともちあげておけば、たいていの場合はご機嫌なのです。

断れない「気くばり型」

このタイプは「いつでも他人によく思われたい」人。気くばりが上手な人でもあり、他人の顔色をつねにうかがっている人でもあります。だれからも好かれたいと考えているので、人間関係の調整には長《た》けています。

ま・ま・一杯♡
必殺くばり攻め!!
ヒラリ
ヨイショ!
サンキュウ♡
あら♡そぉ?
ステキ♡
ヨイショ!
ヒラリ
断れない
「気くばり型」

このタイプのそばにいると、自分では思いもかけない美点を見つけて褒《ほ》めてくれたりします。こちらとしては嬉しい気持ちになれるのです。

たしかに気くばりがきわめて上手なので、このタイプは出世しやすいのですが、トップにはなかなかなれません。むしろ二番手の位置につけて、番頭としての能力を発揮するとよいのかもしれません。

気くばり型の人には「NO」と言えないという弱点があります。したがって、こういう人に決断を迫るのは適切ではありません。場を盛り上げる飲み会やパーティの接待役が向いています。

思いどおりにしたい「主導権型」

このタイプは「何でも自分の思いどおりにしたい」人です。いかなる場合でも、主導権を握るにはどうしたらよいかと考えています。基本的に他人を支配したい性格であり、人をたえず値踏みしています。歴史上ではマキャベリのような人物が該当するでしょうか。

策士家でありリーダーシップがとれる能力はあるのですが、いちばん目立つはずのトップ

思いどおりにしたい
「主導権型」
使えないヤツはいらないッ！
すまして～！
COOL!!
こーして！
値踏み
陰の支配者か黒幕と呼んでくれ

をめざそうとは決してしません。社長になりたいのではなく、陰のドンに徹することで満足します。セカンドポジションに価値を見出す点で、先の王様型とは大きく異なるのです。

このタイプは、人を思いのままに動かす戦略を考えたり、理想とする人事や組織を組み立てるのが大好きです。

主導権型の人に対しては、命令はもちろん、指示を出すようなまねをしてはなりません。うっかりそうしたら、烈火のごとく怒り出すかもしれません。よかれと思って助言したほうが火傷《やけど》を負ったりします。たとえ同じ結論になろうとも、その人に最終決定を下してもらうとよいでしょう。

このタイプの人には「私はいつも味方です／家来です」というメッセージを送りつづけていれば、スムーズに事が運ぶのです。

二つの座標軸でタイプを整理する

このような四つの「生き方の旗印」を基準にして、同僚や上司、友人の行動をよく観察してみましょう。単純な分類であるわりには、使ってみると便利なことに気づいていただける

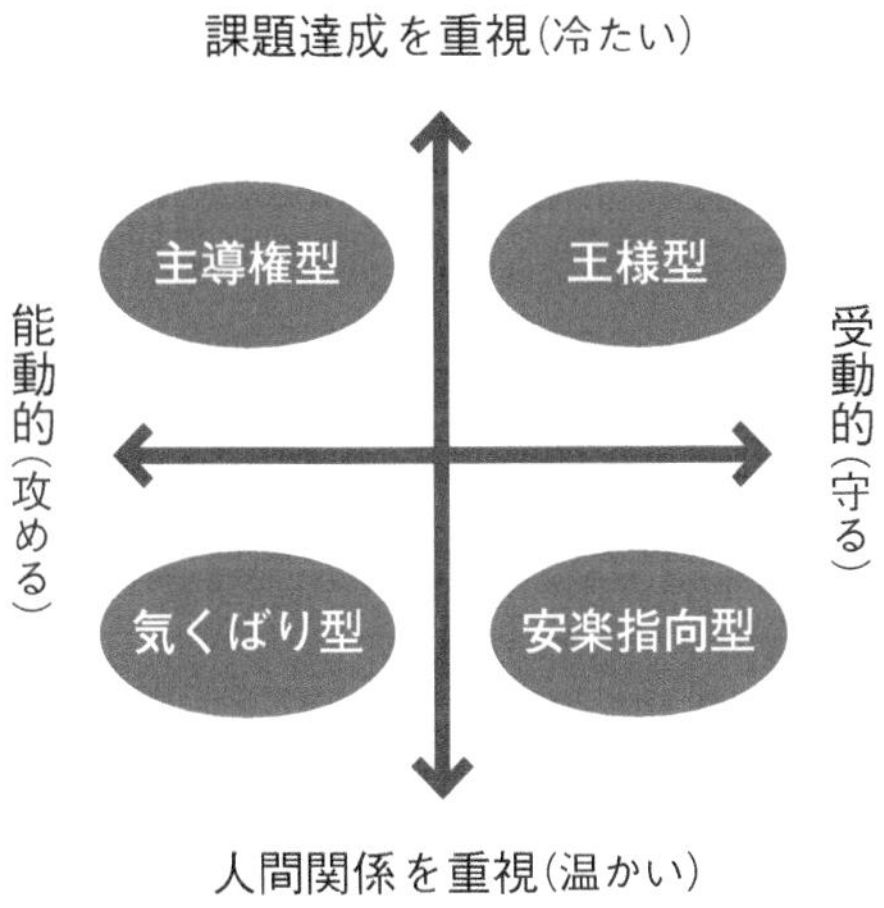

のではないでしょうか。

四つの「生き方の旗印」は、さらに二つの座標軸で整理することができます。

縦軸は「課題達成を重視する」（＝人間関係は冷たい）か、「人間関係を重視する」（＝人間関係は温かい）か。

それに対して横軸は「能動的に生きる」（＝攻めるタイプ）か、「受動的に生きる」（＝守るタイプ）か、となります。

座標と、それぞれに添えられたキーワードを眺めると、四つに分かれた「生き方の旗印」の差異が明確になってくるのではないでしょうか。

「生き方の旗印」は、人生における優先事項や固有の思考スタイルを規定しています。したがって、相手の「生き方の旗印」を知っていれば、こちらの対処の仕方も決まってくるのです。もし人間関係でトラブルが発生したときには、この座標に当てはめて原因を推定すればよいのです。

以心伝心を期待して自分本位の判断をするのではなく、もしくは漠然と相手の顔色を見て行動するのでもありません。大事な点は、明確な基準をもって相手と向き合うこと。職場にいるあの人の「生き方の旗印」は何なのか、という視点で個々の相手に接するのです。

相手の欲するものはおのずと見えてきます。こうして確認できた情報に基づいて、相手との価値観の橋渡しを試みるのです。それが「伝える技術」の達人になるための大切なファーストステップとなります。

こうした習慣を身につけると、相手の価値観が理解できるようになっていきます。

ここで、コミュニケーションに役立つ便利な方法を紹介しましょう。相手から大事なことを伝えられたあとに、必ず自分の言葉で言い換えてみるのです。

たとえば「それについて私は○○と理解したのですが、合っていますか?」と、理解したことを自分なりの表現で相手に確かめてみます。

＊

具体的な場面を考えてみましょう。顧客との商談の案件で、上司が「では来週、先方にうかがうことにしよう」と言ってきたとします。

ここでの応答ですが、「来週ですね、わかりました」では、よろしくありません。先方への訪問が明日ではなく、なぜ来週なのか、その理由を考えるのです。

上司のたんなる都合からなのか、もしくは先方へもちこむ資料をつくりなおすための時間が必要なのか。ひょっとすると、自分の異動が検討されていて、その決定を待っているのかもしれません。

上司の言葉の向こうにある無限の可能性に、思いを馳《は》せてみるのです。

そこで「わかりました。では資料を今週中につくりなおしましょうか?」と返事します。すると「いや、その必要はない。それより、銀座「空也《くうや》」の最中《もなか》をもっていくので、予約しておいてくれないか。奥さんがたいそう好物らしいんだ」と返ってきたとしましょう。

上司は商談成立のために、先方の奥さんも戦略ターゲットに入れていることがこれでわかりました。それがわかると、「来週は最中の由来から話を切り出そう」と決めて、それまでは別の仕事をしていればよいのです。おまけに、その上司はかなりの気くばり人間であることも見えてきます。

勝手に理解したつもりになって物事を進めていくのではなく、ほんの少しだけ言葉を添えて会話するだけです。そうすれば相手がどのようなタイプなのか見えてきて、人間関係はなめらかになっていきます。

ここで述べた「価値観」と「生き方の旗印」は、その気になれば、だれにでも見えてくるものです。会社でも家庭でも、二つのキーワードを意識するだけで、人間関係は劇的に改善するでしょう。

自分は人づきあいが下手だと思い込んでいた人は、ただ注意を傾ける方向を知らなかったにすぎません。私のような〝理系オタク〟研究者ですら、こうした視点をもつだけで驚くほど人づきあいがうまくいくようになったのですから。

第1章

京大教授の「伝える技術」

私は「伝える技術」をさまざまな場面で使ってきました。科学者として導き出した方法論もあれば、科学のおもしろさを伝える一教育者として培《つちか》ってきたノウハウもあります。

難しい理屈を述べる前に、まずはどのようなシチュエーションで「伝える技術」が必要なのかを考えてみたいと思います。

日常のコミュニケーションでよくある例を、Q＆A方式で具体的に紹介しながら分析してみましょう。いずれも、私がこれまで学生や周囲の人たちから実際に受けた質問と、それに対する回答をもとに構成しています。

とくに、学生からは就職面接に関する質問がいつも寄せられるので、代表的なものを取り上げてみました。一見すると就活生だけが抱える特殊ケースに思えるかもしれませんが、そこにはビジネスシーンやプライベートでのコミュニケーションにも通じる普遍的な事例が満載であると感じています。

ビジネスパーソンの方であれば、あのつらかった就職活動を思い返しながら、「伝える技術」の本質をつかんでほしいと思います。

相手を理解する技術

Q1 筋道を立てて論理的に話しているはずなのに、話が通じないと思うことがよくあります。これは、なぜなのでしょうか？

筋道を立てて話しているという「出発点」について、まず考えてみましょう。自分が筋道を立てて話をしていると思っているその出発点自体が、相手の出発点と違うことがよくあります。

論理的な話は階段のように上へと積み上がっていくものですが、自分が二階から話を始めて三階、四階と積み上げていっても、相手が一階から二階へと到達していなければ話は通じません。これではいくら筋道を立てても、相手に理解されるわけがないのです。

多くの人は理解できないことが生じると、とたんに不安になります。そして話を聞こうとするシステムが、一時的にストップしてしまうのです。相手がこうならないように注意することが、こちらがすべき最初の課題です。

また、自分では話を一段ずつ積み上げているつもりでも、相手には二段飛ばしに聞こえることがあります。つまり、話す過程で一段ぶんの説明が抜けているのです。

こちらがいくらていねいに話をしているつもりでも、相手にとっては、一段抜けたところから話がわからなくなってしまいます。ここでもまた、相手の理解はストップしてしまうのです。

まずは相手の顔をよく見つめて、自分の話をどこまで理解しているか、表情からチェックするようにしてください。不安げな顔をしていたり、頭がフリーズしていたりするような場合には、こちらの説明が悪いと思うべきなのです。

次に、何がわからなかったのか、どこから理解できなくなったのか、相手にゆっくりと尋ねてみてください。ていねいに聞いてみると、相手は正直に答えてくれるはずです。

ここで大切なのは、つねに相手のペースに合わせて話を進めることです。

Q2 いわゆる〝空気を読む〟のがヘタだと言われます。場の空気を読むって、どういうことなのでしょうか?

いまではよく聞かれるようになった〝空気を読む〟という言葉。これはいったい何を意味しているのでしょうか。

一対一のこともありますが、たいていは何人かいるなかで全体の話の雰囲気を的確につかむことを言います。とくに「場の空気」という場合には、伝える相手は明らかに複数。大切なのは、その複数の人たちが、いま何をテーマに話しているのか、しっかりと把握《けあく》できているかどうかです。

「場の空気」を読むのがヘタな人は、一般的に人の話を聞くのが苦手です。他人の話はあまり聞かないのですが、自分からしゃべるのは好きな人なのです。まわりにも、こういう人はけっこういるのではないでしょうか。

彼らは、自分の得意な話題がまわってきたときに、話したい内容が頭の中でぐるぐると動き出し、言葉を構築しはじめます。ところが、そのあいだにほかのメンバーの会話が別の方向へと移っている場合があります。それなのに、すでに終わっている話題を遅れてもちだすから「空気が読めない」と言われてしまうのです。

こうした失敗例をよく理解して、いま話されているテーマが何であるかをきちんと追いかけるようにすれば、問題は解決します。

Q3 質問に答えているつもりなのに、どうやら相手の期待している答えを返していないようです。質問の意図を正確に理解するにはどうしたらいいのでしょうか？

「どうやら相手の期待している答えを返していないようです」と気づいていること自体が、たいへんにすばらしいことだと思います。そのことに気づいているのならば、解決は決して遠くはありません。

ここでのポイントは、相手の質問の意図を正確に理解していないこと。そこで最初に、相手に対して、もう一度、質問の意図をていねいに尋ねます。

「もう一度、質問をお願いします」「いまのは答えになっていましたか？」、あるいは「この話の方向でよいのでしょうか？」と素直に聞けばよいのです。

なお、これらの問いの前に、「話を中断してすみませんが……」と前置きが入ると、もっとよいでしょう。こうすれば相手も話をしやすくなります。

わかったフリをしてトンチンカンな答えをして、お互いにムダな時間を過ごしてはいけません。恥ずかしがらずに、ゆっくりと確認し合えばよいのです。

そのうえで、相手が期待している意図について、「それはこういうことですか？」「具体的には○○ということを聞いておられるのですか？」と、ていねいに、詳細に確認しながら、ふたたび会話を始めるようにしたいものです。

Q4 「話を聞いていない」と言われることがあります。相手を理解するためのコツはありますか？

興味がないことや、つまらないと思うことに対して、人間は相手の話を聞かなくなってしまう傾向があるようです。人はたいてい、何か自分の得意分野や専門をもっているので、そこから大きくはずれることにはあまり関心が向かないものなのです。

まず、「相手の話をすべて聞かなくてもよい」ということを知ってください。人と上手につきあっていくためには、相手の話の枝葉にとらわれるのではなく、話の構造をとらえる訓練をしましょう。

「話を聞いていない」と言われるということは、相手が話したい内容を構造的に理解していないことを意味します。興味のない話をすべて聞く必要はありません。話の構造を追いかけることさえできれば、相手の話はとたんに聞きやすくなります。

なかには枝葉の話ばかりする人がいます。枝葉から話しているうちに、いつの間にか本論が始まり、結論がようやく出てきます。ふつうの人はイライラするかもしれませんが、ここが我慢のしどころです。

話の構造が見えてきたら、最初の枝葉はもう聞き流してもよいのです。そのうちさらに話の芯が出てくるはずです。これがわかってくると、「話を聞いていない」と言われることは減っていくはずです。

「相手の話をすべて聞かなくてもよい」と思い定めて、気楽に始めてみてください。

自分を伝える技術

Q1 就職活動で、自分が研究してきた内容を専門外の人にもわかりやすく伝える方法を教えてください。

就職活動で話を聞いてくれる企業の面接官は、たいてい年配で偉い人たちです。しかし、面接官も自分の専門外のことに関しては、まったくの素人《しろうと》。とくに面接では、文系出身の事務畑や営業畑の人も多い。

理系の人にとっては、面接官の理科に関する基礎リテラシーはとても低いと、まずは肝に銘じておいてください。失礼ながら、彼らの理科の知識は中学生くらいだと思っても差し支えないでしょう。

したがって、高校の物理や化学で出てきた用語を使っても、話が通じないのです。たとえば、「運動量」や「共有結合」は社会においては常識ではありません。理系にかぎらず、専門用語や英語のフレーズはできるだけ排除して話すようにします。

説明のはじめにはトピックセンテンスをつけて、これからどんな話題に関して述べるのか、はっきり提示します。場合によっては、これから語る結論について、先に述べておくとよいでしょう。

最後に、いちばん盲点となることですが、言葉の中身と使い方に関する注意があります。言葉には、自分の研究分野での使われ方と、一般的な理解とが異なる場合があります。こういうとき、不用意に自分の専門領域で使われている概念で説明すると、相手に理解されないことがあります。

たとえば、私の専門である火山学の場合、「火山の寿命は比較的長いのです」と言ったとき、火山学者は五十万年くらいを指しますが（年ではなく万年です！）、一般的に「寿命が長い」と聞いて想像するのは九十年くらいでしょう。こうした点をよく考慮して言葉を用いる必要があるのです。

Q2 自分の研究内容を正確に伝えようとすると、話が長くなってしまいます。削るポイントを見極めるコツはありますか？

話が長くなる原因の一つは、話の導入が長いことです。すなわち、伝えるべき大事な内容に入る前の説明が、不必要に長くなっているのです。

ことわざで「木を見て森を見ず」と言いますが、森全体を概観する前に一本一本の木について話を始めると、とたんに長くなってしまいます。

まず、研究内容の「起承転結」をきちんと把握してください。できれば紙に箇条書きにして書き出してみることをおすすめします。

起承転結とは、研究の目的、方法、結果、考察、結論などの個別情報のこと。それぞれを箇条書きで三項目くらいにまとめられればよいでしょう。また、各項目は二〇〇字程度に書き出しておくのです。

こうして書き出したポイントを、よく読んで頭に入れます。そして手短に最後まで通して話してみる訓練をしてみましょう。とくに大事なポイントを先に話すようにして、はかの枝《し》葉末節《ようまっせつ》はあとで追加するくらいに考えましょう。

「研究内容を正確に」とありますが、ここで「正確」という言葉の落とし穴にも注意してください。

科学者が言う「正確」とは、多様な条件下の数多くの結果をきっちりと、もれなく提示することです。その結果、1なのか2なのかではなく、0・91なのか2・31なのかを私たちは追求します。

しかし、こうしたことは一般の人にとっては大切な議論ではないかもしれません。些細《ささい》なことにこだわると、話は際限なく長くなってしまいます。

人に話すときには、理系的な厳密さを追求してはいけないのです。「だいたいこんな方向です」と説明してみましょう。

Q3 「三分以内で、自己PRをお願いします」などという質問が苦手です。長く持ち時間があると、自分が何を言っているかわからなくなり、支離滅裂なことを言っている気がします。対処法を教えてください。

ふつうの人が一分間で話せるのは、およそ三〇〇字くらいです。三分だと九〇〇字。おおよそ一〇〇〇字を目安に計算して、自己PR原稿を作成してみましょう。

どのようなシチュエーションであれ、人前でプレゼンするときには、行き当たりばったりではいけません。

次に問題となるのは、三分間で話すことのできるテーマの数。一〇〇〇字程度であれば、テーマは一つか二つまでです。こみいった話の場合にはテーマは一つ、単純な話題でも二つのテーマでまとめるべきです。

講演会用の話を組み立てるとき、私はパワーポイントを使います。一つのシートに、話す内容を箇条書きで書き込むのです。

ここで大事なのは、書き込む文字の大きさ。パワーポイントはいくらでも細かい字で詰め込めますが、フォントの大きさをあらかじめ設定することで、小さな字では書き込めないようにしてしまいます。

具体的には、文字の大きさを24ポイントに設定します。こうすると、一つのシートに、箇条書きにして五項目くらいしか入りません。このように入力条件を決めてしまうことによって、内容が過剰になるのを事前に防ぐのです。

もう一つ大切なのは、項目ごとに、簡潔に表現できるような「キーフレーズ」を書き出すことです。

こうして作成した原稿を、人前で話す前に何回か読み返しておきます。これで支離滅裂な状態に陥ることはなくなるでしょう。

Q4 自己PRをまとめていると、どうも自分をよく言いすぎているようで嫌なのですが、かといって謙遜《けんそん》しすぎても自己PRになりません。こういうときにはどうしたらよいでしょうか？

自己PRは、自分をよく見せることが目的ではありません。ましてや、みずからを褒《ほ》め称《たた》えることでもありません。

多くの学生が勘違いしているのですが、自己PRは「自分は几帳面《きちょうめん》」だとか「部活のマネージャーをしていた」といった単純な情報を伝えることではないのです。

大事なのは、自分は物事をどんなふうに理解し、現状をどう把握しているかについて、ていねいに伝えることなのです。そして、自分は今後どのように仕事をしたいのか、どのように生きたいのか、具体的に述べることなのです。

たとえば、会社に入ってからのビジョンや、自分が意欲をもっている仕事について、きっちりと説明すればよいのです。加えて、一生かけて成し遂げたいライフワーク、あるいは大きな志を話すのです。

自己PRとは、これまでの自分の考えの集大成、もしくは、これからの人生設計を相手に伝えることなのだと大きくとらえてください。

実際の就活生であれば、面接の前にすでに提出したエントリーシートに書いた将来のビジョンなどを、公《おおやけ》の場できちんとした言葉にして口に出すこと、それが大切なのです。もちろんその際は、話の内容に論理性や説得力がある必要があります。

以上のようなことをよく考えて、自分の思考パターンやビジョンを文章にして書き出し、ふだんからよく顧《かえり》みるようにするとよいでしょう。なにも学生にかぎらず、自分自身を人に伝える機会は少なくないはずです。

言葉以外で伝える技術

Q1 『人は見た目が9割』という本があったりしますが、やっぱり見た目って重要なのでしょうか？

外見を軽く見てはいけません。

「衣食足りて礼節を知る」と言いますが、きちんとした衣装を身につけていない人に礼節は宿らないのです。「実」を取ると嘯《うそぶ》いて、ぼさぼさの髪やヨレヨレのシャツを無神経に着ているのは、たんなる怠け者です。

じつは相手は、そんなところまできちんと見ています。アイロンのかかったワイシャツ、色の組み合わせを考えて選んだネクタイや靴、そしてカバン。何よりも、靴はしっかりと磨いてあるかどうか……。

外見に使われるエネルギーと気づかいを、相手はチェックしています。個性や自由という言葉にあぐらをかいてはいけません。

茶人の千利休《せんのりきゅう》が説いた茶道の心得に「守破離《しゅはり》」というものがあります。きっちりと本筋をまもり（守）、これを理解したうえでの展開（破）やオリジナリティ（離）があれば、高く評価されるものです。

守ができていないものは、オリジナルでも個性でもありません。いつまでも子どものような気ままな外見では、社会は受け入れてくれないのです。よって、ネクタイやスーツを古くさい習慣と毛嫌いしてはいけないのです。

Q2 模擬面接で、表情が硬い、無表情と指摘を受けました。笑顔とまではいかなくても、表情豊かに面接に臨むコツはありますか？

表情豊かに話すためには、内容が自分の頭の中にきちんと入っている必要があります。自分の得意分野の話なら、だれでもにこやかに話すことができるでしょう。反対に、表情が硬くなるのは、話の内容について苦手だと思っているからです。

したがって、表情豊かに話すためには、話題を自分の土俵にもっていくことがポイントです。面接で出てきた話題のなかから、これなら自分にとって話しやすいと思える内容を見つけます。これをきっかけにして、相手の話に合わせていくのです。

もう一つ大事なテクニックがあります。相手は、ほんとうはとてもいい人だと思い込むのです。たとえこちらに投げてくる言葉がきつくても、それは仕事上のことであって、本来はとても優しい人だと思ってみるのです。そうすれば自然と表情もやわらかくなります。

相手に不信感をもっていては、決してよい表情は出せません。大事なのは、相手を最初から信頼すること。面接ならば、この人は私を採用するために話しかけてくれているのだと、自分の心に言い聞かせます。

こうした心の準備作業は、面接が始まる前の待ち時間にしておくとよいでしょう。

Q3 面接などのときは、相手のどこを見ればよいのでしょうか？　ずっと目を見ているわけにもいかないと思うのですが……。

何かを考えているとき、人間はたいてい宙を見ています。面接のような緊張する場面で、相手の目をじっと見つめていられる精神の持ち主は、ほんとうはとてもすばらしい。若い人にはなかなかできないものですが、落ち着いて自分を客観視できている状態といえます。

一般的には、人の目を見つづけるのは難しいと思います。そこで、相手のあごを見て話すのです。あごに向けて少しだけ目を逸《そ》らせば、気分が楽になります。

あごでもまだつらいときには、相手が男性ならばネクタイの結び目を見ます。つまり胸のあたりです。こうすると、話すことが苦にならなくなります。

そして、少しでも自信のある内容になったら、また目を見て話せばよいのです。相手にとっても、ずっと目を見つづけられているよりも、このほうが親近感が湧《わ》くものです。

私の場合、ときどき斜め上を向いたり、横を向いたりと、バリエーションをつけることがあります。横を向くのは、少し笑いかけて話をしているとき。リラックスしてくると、視線を横にずらしたりします。

相手にとっても、こちらが楽しそうに笑いながら語っているのは、印象がとてもよいものなのです。

Q4 ボディランゲージって重要なのでしょうか？　どうも苦手で不自然になってしまうのですが……。

ボディランゲージとは、非言語のメッセージのことを指します。本来は自分から意識することなく発信してしまう身ぶりや素ぶりのことです。

企業の面接官のように、人を評価するプロは、こうしたボディランゲージを読み取ることに長《た》けています。私も学生との面接では、相手のボディランゲージを見ながら、心の動きを追いかけます。

したがって、面接でのボディランゲージは、自分の意向とは別に面接官に読み解かれてしまうものと考えておいてください。

ボディランゲージを自分からコントロールするのは、実際にはたいへん難しいもの。しかし、意識的に行動のリアクションをとることは可能です。

たとえば、相手が自分にとって答えやすい質問をしてくれたときは、にっこりと笑顔を見せるとよいでしょう。また、学生時代の課外活動を説明するときなどは、手を使って表現しながら、いきいきと話をするのがよい行動リアクションです。

こうしたリアクションは、ふだん友だちとおしゃべりするときに練習することができます。また、テレビのバラエティ番組から学ぶこともできます。欧米のタレントは身ぶりが大きいことに気づくでしょう。こうしたリアクションをお手本にしてもよいと思います。

お地蔵さんのように体が強張《こわば》ってしまう人は、一般的にはよい印象を与えません。面接などの公の場でボディランゲージを駆使することは実際には難しいでしょうが、明るく朗《ほが》らかにふるまい、活発なリアクションをとることは可能なのです。

「話し上手」になる技術

Q1 話が長いと言われます。簡潔にまとめるためのコツを教えてください。

「話が長い」と言われるのは、話している相手をきちんと見ていないからです。それは「相手の関心に関心をもつ」ことで回避することができます。

「相手の関心に関心をもつ」とは、「相手に関心をもつ」のとは違います。相手に強い関心をもった結果、たとえば三十分おきに電話をしたとします。電話だけでは気がすまずに、自宅へ押しかけていったとしましょう。もし留守なら、相手が帰ってくるまで待って、夜中でも会ってもらおうとする――これではただのストーカーです。

では、ストーカーにならないためには、どのようにしたらよいのでしょうか。ここで「相手の関心に関心をもつ」という考え方がはじめて出てきます。

端的にいえば、「相手の好きなこと、嫌いなこと」をきちんと察知して、それに応じて自分の行動を決めること。「関心に」というひと言を加えただけで、まったく違った状況が現れるのです。

「相手の関心に関心をもつ」とは、いま相手が何を考え、何を欲しているかを推し量ることです。目の前の相手の状況すべてについて思いをめぐらせます。

そして、相手の好きなことをしてあげます。相手のお気に入りのメニューを差し出すのです。一方で、相手の嫌いなことは決してしません。

これが、相手に合わせて話を簡潔にまとめるためのいちばん基本にある法則なのです。こうすれば「話が長い」と言われることはなくなります。

Q2 面接では、自己PRや志望動機を覚えていかないと、何も答えられませんが、かといって覚えていくと、棒読み口調になってしまい、よくないと言われます。どうしたらよいでしょうか？

自己PRや志望動機は、きちんと文章にして書き出しておく必要があります。入社が目標なのですから、その会社が求める人材イメージはインターネットなどで調べておくのが肝要です。

ここでもやはり、相手の希望を知ることです。そのなかから、自分の得意な点と合致する箇所を、自己PRとして一つひとつ書き出してみましょう。

志望動機に関しても同様です。会社の業務に沿っていて、自分が貢献できると思える内容を具体的に書き出します。会社案内などをよく読んで、自分がやりたいことと、会社で実際にできそうなことを合致させておく必要があります。

こうして箇条書きにした自己PRや志望動機のポイントを、スキマ時間にくりかえし読み返すようにしましょう。いったん紙に書き出しただけで頭に入るものではありません。何十回もくりかえすことで、自分の考えとしてはじめて定着するのです。

スキマ時間くらい、たとえば講義や会議の合間の休み時間や電車の待ち時間に確保することはできるはずです。

何回もくりかえして暗記してしまえば、面接本番の前には、とくに何もしなくてよいのです。いったん頭に入った重要な事項は、本番になると必ず口から出てくるもの。リラックスして面接に臨んでください。

このように準備しておくと、棒読み口調になることは決してありません。

Q3 質問に対する切り返しがうまくできません。相手に「できるやつ」と思われるような答え方ができるようになるには、どうしたらよいですか?

質問にうまく切り返そうと思う必要は、まったくありません。まことしやかで論述が爽《さわ》やかすぎると、かえって胡散《うさん》くさいと思われるものです。そもそも、なぜ「できるやつ」と思われたいのでしょうか。

まず「できるやつ」と相手が思うのは、どんな人かを考えてみましょう。

仮に企業面接ならば、「できるやつ」と思われる人は、面接官が話していて楽しいと感じた人です。面接官はたくさんの受験者を相手にしていますから、自分が出した質問に上手に切り返してきた若者など数多く見ています。

上手に切り返すことは、面接の練習を事前に積んでさえいれば、ある程度はうまくなるのでしょう。しかし、これだけでは「できるやつ」と思われるにはまだ遠いレベルなのです。

ほんとうに「できるやつ」と思われる受験者は、話の内容が面接官の予想を超えるような場合。たとえば、コンテストのために何カ月もロボットをつくっていた話や、インドを何カ月も放浪して歩いた経験などがそうでしょう。

たいていの若者があまりしていないような経験談を聞かされると、相手は「できるやつ」と思うはずです。もっといえば、こうした経験をしたというだけでなく、そこでどのようにして自力で局面を切り開いたかまで語ることができれば本物です。

つまり、質問に上手に切り返す程度のことをはるかに超えるインパクト。そちらのほうがよほど話し上手といえるでしょう。何か一つでもこうした経験があれば、それを前面に出してみてください。

Q4 早口で何を言っているかわからないと言われることがあります。ゆっくり話すコツはあるのでしょうか？

早口であることに、まったく問題はありません。相手に伝えたいことが頭の中にたくさんあふれているから早口になるだけなのです（私自身もそうなのですが）。よって、あふれ出てくる自分の考えを、気持ちゆっくりと出すようにすればいいだけです。

まずは発音に気をつけてみましょう。話したいたくさんの内容のなかで、キーワードとなる言葉はくりかえし口から出てきます。このキーワードの発音をはっきりさせるようにしましょう。

たとえば、興味がある題材は何度も話すことになるでしょう。こうした言葉は、自分には慣れ親しんでいるものなので、つい早口で話してしまいます。

ところが相手にしてみれば、どの言葉もはじめて聞くものかもしれず、それを何度も早口で聞かされるのはつらいものです。したがって、こうした言葉は、ゆっくりと発音するようにします。また、それはどういう字なのかも前もってきちんと分解して説明できるようにしておく必要があります。

もう一つ、早口を防ぐために有効な方法があります。自分のふだんの会話を録音して聞きなおしてみるのです。人によっては「さ」行の発音が悪かったり、「た」行が明瞭でなかったりということがあります。

こうした発音上の弱点を自覚しておけば、対症療法は可能なのです。友だちにいっしょに聞いてもらうと、もっとよいでしょう。事前チェックで早口は十分に克服できます。

「質問上手」になる技術

Q1 ずばり、聞き上手になるためのコツを教えてください。

聞き上手になるために大事なことは、相手の話が頭に入ってくるように、こちらがどれだけ無理のないシステムをつくれるかです。

そもそも慣れない人の話を聞くのは、自動的に抵抗が生じるものです。どれだけこの抵抗を少なくできるように自分を改造できるかがポイントなのです。

聞き上手になるには三つのコツがあります。

一つ目に、相手が話した内容に対して、こちらからネガティブな評価をしないこと。たとえば「あなたのそういう考えはまちがっている」「そんな考えでは世間を渡れない」といった応答をしてはいけません。聞き上手な人ほど、相手の話は最初から批判しないのです。

二つ目には、相手が話を始める前に、その内容に対して先入観をもたないことです。まずは素直に聞くことと言ってもよいでしょう。虚心坦懐《きょしんたんかい》に聞いてみれば、意外と相手の話に納得することは多いものです。

三つ目に「耳は二つ、口は一つ」というフレーズを覚えてください。これは、「自分が話す量の二倍は相手の話が聞けるように人の体はつくられている」という意味です。この教えと正反対のことをしている人も多いと思いますから、注意してみてください。

Q2 面接の最後に「何か質問はありますか？」と聞かれることがよくあります。ここで鋭い質問を言いたいのですが、いい質問をするにはどうしたらよいですか？

鋭い質問は、自分がいつもよく考えている内容からしか生まれません。面接のなかで交わされたテーマのなかから、自分が得意とする領域に近い話を見つけましょう。自分の土俵から鋭い質問は出てくるものです。

鋭い質問を考える前に、少しふりかえってほしいことがあります。「鋭い質問を言いたい」という心理の向こうにあるものは、何でしょうか。

まじめな人間と思われたいのならば、自分が相手企業について調べたことからポイントとなる内容を尋ねてもよいでしょう。少し生意気に思われてでも相手に印象づけたいのならば、「会社の今後の展望」などを聞いてはいかがでしょうか。

いちばん印象がよいのは、面接の途中で出た話題に関して、あなたが理解できなかった内容について、ていねいに尋ねてみること。フレッシュな素直な感性で、正直に聞いてみたらよいと思います。

そのためには、ふだんの何気ない会話から、違和感に気づく感性を養わなければなりません。鋭い質問をするためにも、日々の訓練が必要なのです。

Q3 「オープン・クエスチョン」「クローズド・クエスチョン」という言葉をよく聞きますが、どういうことでしょうか？　また、それはどのようなときに使いますか？

相手の関心を的確に探るためには、前もって相手に問いかける項目を整理しておく必要があります。「オープン・クエスチョン」「クローズド・クエスチョン」とは、質問を活性化するための技術です。

オープン・クエスチョン（open question）の技法では、相手が「はい」「いいえ」で答えられない質問をします。もし「和食が好きですか？」と聞いた場合には、「はい」「いいえ」という答えができます。

これに対して、「どんな食事が好きですか？」という質問には、「はい」「いいえ」では答えられません。具体的に「洋食です」「中華料理です」と名前をあげて答えることになります。

後者がオープン・クエスチョンなのです。オープン・クエスチョンに対する答えには、新しい情報が必ず盛り込まれることになります。

英語で言うところの「5Wプラス1H」の疑問詞で始まる聞き方。「何ですか？」(what)、「いつですか？」(when)、「どこですか？」(where)、「だれですか？」(who)、「なぜですか？」(why)、「どのように？」(how) で構成される質問が該当します。

こうしたオープン・クエスチョンで質問すると、相手の好みがよくわかり、会話が弾みます。

一方、クローズド・クエスチョン (closed question) では、「好きなのは和食ですか？」と直接的に尋ねます。「はい」「いいえ」のいずれかの答えを想定した限定的な問いを発するのです。これは相手の意向をこちらが正確に読み取れたかどうかを確認するために役に立つ質問法です。

さらにクローズド・クエスチョンは、相手の話した内容を整理する意味でも有効です。話をしている相手自身が、何を話しているのかわからなくなることがあります。こうしたときに筋道を整理する手伝いができます。こちらから具体的な内容を示しながら、「○○は嫌いということですかね？」と要約できるのです。

こうして確認しながら対話を続けると、散漫にならず、話の焦点がしだいに絞られていくのです。

Q4 志望企業のあまりよくないウワサを聞きました。OB・OG訪問で、失礼のないように尋ねるにはどうすればよいのでしょうか？

入社する前に企業の現状をよく知っておくことは、とても大切です。OB・OGに尋ねるのは非常によい方法ですが、いくつか注意するポイントがあります。彼らはすでにその企業の社員なので、そのことをよく踏まえて聞かなければなりません。

まず、「私がいまからお聞きすることは常識を欠いていることかもしれませんが……」とか「失礼なことをお尋ねするかもしれませんが、一生にかかわることなのでよろしくお願いします」といったように、話を切り出す前に必ず前置きを添えます。

これは「のし言葉」と呼んでいるテクニックです。訪問先にお菓子をもっていくときにつけるのが「熨斗《のし》」ですが、本題の前に礼儀として添えるフレーズを指します。

あるいは、「新聞記事に今期は○○と出ていましたが……」とか「指導教授がこれを聞いておけと言うのですが……」などのフレーズを話の前につけるのです。これは「虎の威《い》を借《か》る法」と呼んでいるテクニックですが、こうした言葉により、あなたの質問が別の権威によって薄められます。

最後にポイントを一つ。こうした質問はおどおどと尋ねてはいけません。毅然《きぜん》と、それでいてにこやかに、そして、ていねいに聞くほうがずっとよい印象を与えます。

自分の欠点を活かす技術

Q1 そもそも口下手で、人としゃべると疲れてしまう性格です。克服方法はありますか？

人としゃべると疲れるということは、じつはすばらしいことなのです。無神経にベラベラと話をする人がよくいます。話している本人は疲れませんが、それを聞いているほうは、へとへとに疲れるものです。

これとはまったく逆で、相手に気をつかい、自分が失礼にならないように考えているほど疲れるのですから、そのような心づかいができる人は、たいへんに魅力的です。

では、こういう人が疲れないための方法を考えてみましょう。

まず、自分が口ベタであることの「利点」について考えてみます。口ベタとは、裏を返せば、ゆっくりと話せば人とうまく会話ができるということです。つまり、じっくり考えながら話をすればよいのです。

ペラペラと内容のないことを話す人よりも、口ベタでもよく考え抜かれたことを話す人のほうが、ずっと好ましいでしょう。つまり、思慮深く話ができる特性を身につけているのです。

口ベタであることに自信をもってください。このように考えていくと、そのうち自然と話が上手にできるようになり、ムダに疲れなくなるものです。

Q2 緊張するとうまくしゃべれなくなります。面接を乗りきれるか不安です。どうすればよいでしょうか？

先ほどと似たような処方箋《しょほうせん》が役に立ちます。緊張するということは、じつはたいへんに優れた資質なのです。つまり、無神経な人間ではないということを意味しているのです。

まず、なぜ緊張するのかを考えてみましょう。それは、面接に真正面から取り組んでいることの証《あかし》です。まじめに、真剣にその企業に入りたいと思っていることが、緊張感の表れなのです。

人はこうした緊張を決してマイナスには受け取りません。この真摯《しんし》な態度を見て、じっくりと話を聞いてみようと思うはずです。

そして人は、必ず緊張をほぐすような話を用意してくれます。その話に素直に対応してください。

もし笑わせようとするような話が飛び出したとして、おかしければ笑えばよいし、おかしくなければ緊張したままでよいのです。

そのうち必ず緊張はほぐれてきますので、人前で緊張すること自体を気にする必要はまったくありません。

緊張には、じつはプラスの面もあるのです。プロのスポーツ選手たちも試合前には必ず緊張します。彼らはこのような状態を人工的につくりだし、自分のもてる力を一〇〇パーセント発揮する訓練をしています。それと同じだと思えばよいのです。いずれ言葉のキャッチボールが上手にできるようになるでしょう。

Q3 声が小さいと言われます。やっぱりこれは不利でしょうか？　改善方法があれば教えてください。

声が小さいことは、決して不利ではありません。相手が耳を澄まして注意深く聞いてくれるようになります。そもそも劣等感をもつ必要などないのです。

声の小さい人が注意すべきことは、第一にゆっくりと話すこと。ゆっくりと話せば、相手にきっちりと伝わります。二番目に、発音をできるだけ明瞭にするように気をつければよいでしょう。

この二つができれば、小さい声の持ち主は面接ではむしろ有利に働きます。面接官はたくさんの学生と話さなければなりません。大きい声でガンガン話す学生には、じつはほとほと疲れているのです。

たとえ小さな声でも、意味のある話ができる学生のほうを面接官は好みます。いったん面接が始まると、いかに論理的なわかりやすい話ができるかがポイントになります。声の大小が問題になることはありません。

よって、自分が何を話そうとしているかに気を向けることが、いちばん大切になります。いつでも話の内容が最大のポイントなのです。声が小さくても、自信をもって面接に臨んでください。

何よりも大事なのは、天から与えられた資質に劣等感をもたないことです。

Q4 面接で、志望動機や自己PRなどの質疑応答はできるのですが、本題に入る前の雑談的なやりとりが苦手です。どうすれば、世代も違う初対面の人とうまく話すことができるのでしょうか？

面接にかぎらず、目上の人と会話をする場合、たいてい雑談は相手のほうからしてくれます。それまで待っていればよいのです。

面接官とは、ガチガチになって入ってきた学生を相手にしている人たちです。面接に入る前に学生をほぐす話題は、すでに山のように用意しているのです。

面接官は、その日の面接でまだ使っていない雑談のテーマを喜んでもちかけてきます。これにていねいに答えればよいだけです。ここで大事なのは、何をもちかけられても楽しそうに返答すること。

また、自分がぜんぜん答えられない話題の場合には、笑顔で「すみません、勉強不足でよく存じ上げませんでした」とはっきり口にする。すると面接官は、用意していた別の話題に、にこやかに換えてくれます。こうした誠実な受け答えをむしろ面接官は見ているのです。そのうちに本題に入りますから、気にする必要はまったくありません。

雑談でもっとも重要な点は、どんな話題をもちかけられても笑顔で返答すること。そして、わからないことはわからないと素直にていねいに述べて、次の話題に移ってから、ゆっくりと応答すればよいのです。

「マイナス」を伝える技術

Q1 「正しいことが正義」と思ってしまう質《たち》で、つい議論になると本気で腹が立ち、相手を言い負かそうとしてしまいます。どうすれば丸くなれますか？

最初に、大きく深呼吸をしましょう。いまの自分がどんな場所にいるのか、冷静になって見るためです。

人はさまざまな角度からあなたの態度を見ています。とくに議論の場では、集団のなかでのバランス感覚の有無を見つめています。

まず、相手の立場になって考えてみてはいかがでしょう。「相手はどんな考えで自分と違う意見を言っているのだろうか」と思いをめぐらせてみるのです。

また、自分の考えと相容れない場合には、なぜその考えを自分が受け入れられないのかを考えてみましょう。発言する前に、ゆっくりと深呼吸して考えてみるのです。

そして穏やかな言葉で、相手に質問してみるのです。「どうしてあなたはいま、そのような意見を述べられたのですか？」。ここで大切なのは、ていねいに明るく質問できるかどうか。

ふだんから敬語や丁寧語を使う習慣をつけておくことも大事です。日常生活で、タメ口で感情むき出しの会話をしていると、大切な場面でも言葉が乱れます。きちんとした服装をするだけでなく、ていねいな言葉づかいを心がけましょう。

Q2 ネガティブな話題はしないほうがよいでしょうか？ 自己分析をした結果、「いじめを受けたけど、それに耐えてがんばった」というのが自分のPRポイントなのですが。

そもそも、ネガティブな過去の出来事に対して、いまどのような評価をしているのでしょうか。その出来事を乗り越えていまでは肯定的にとらえているのか、もしくは、まだ引きずっていて否定的に考えているのか。それによって対処は異なります。

まず、マイナスに思っている場合には、あえて話題として出す必要はありません。というのは、雰囲気が暗くなってしまうからです。反対にプラスにとらえている場合は、大いに話してみましょう。

過去のつらい経験を自分がいかにして乗り越えたか。これはたいへんよい話題です。実際にあったことを手短に紹介して、自分がどう変わっていったかを明るく話してください。

といって、すべてをくわしく話す必要はありません。自分が経験したプロセスのなかで、何に気がつき、どういったことを感じ、その結果、自分は何を学んだかが大事なのです。こうしたポイントだけを要領よく紹介すれば、人はそこからいろいろな質問を投げかけてくれます。

その問いにていねいに答えていれば、必ずよい印象を与えることができます。

Q3 留年していることを突っ込まれたらどうしたらよいでしょうか？　マイナス要因と見られることを質問された場合にうまく乗りきる方法が知りたいです。

留年は決してマイナスではありません。留年のあいだに何をしたか、何を学んだかを具体的に述べることができれば、むしろプラスの話題です。

もし留年をマイナスにとらえていたとすれば、会話が暗くなってしまいます。

反対に、留年してよいことがたくさんあったと思っているのなら、その話題は「待ってました！」となるでしょう。

ここで大事なのは、留年した事実は変わらないのですから、どちらの態度をとったほうが人とコミュニケーションをとるときに有利だろうか、ということ。もちろんプラスにとったほうがよいわけです。

まず、留年してよかったと思うことを、いくつか数え上げてください。そして、これらを紙に書き出してください。

留年のあいだに旅行ができた、クラブ活動ができた、ボランティアができた、めずらしいアルバイトができた……。得がたい経験が必ずあったはずです。そのなかから、いきいきと語ることができる内容に順番をつけてみてください。それを話せばよいのです。

私も大学時代に一年留年しましたが、とてもよい経験をしたと思っています。旅行をしたり、遊びにいったり、もちろん勉強もしたり。そのときの経験は、いまの私の生活にも役立っていると確信しています。

人生にムダな時間は何一つないのです。

Q4 いわゆる「圧迫面接」には、どう切り返せばよいですか?「あなたの言っている意味がわからない」「そのPRはほんとうなの。ウソじゃないですか?」などと否定的なことを言われたら、立ちなおれないのですが……。

圧迫面接をする面接官は、じつは意地悪な人ではありません。ディベートの能力を試しているだけなのです。

ディベートとは、異なる意見に立って論理的な議論を戦わせる作業。ここでは自分の立場を明確にしたうえで、そのなかで論理が崩れていないことが重要となるのです。

もし「そのPRはほんとうなの。ウソじゃないですか?」と言われた場合には、ウソではないと言いきれる理由をきちんと述べることが大事。具体的には、箇条書きの要領で、論理的にゆっくりと説明できればよいのです。

ディベートで大切なのは、相手の挑発的な口調に乗らないこと。どのような質問を受けても、自分は穏やかに、にこやかに、ゆっくりと話すのです。こうした高度な伝える技術も、相手は見ています。

自分の頭から考えを紡《つむ》ぎ出し、筋道をきちんと立てて話すことができれば、必ず好感をもたれます。もし可能ならば、笑顔で話せれば満点ですが、それができなくても、真摯な表情で語ることができれば十分に合格点でしょう。

圧迫面接に対処するポイントは、面接官はＰＲの内容そのものを疑っているのではなく、どれだけ誠意をもって語ることができるかを見ている、と理解することなのです。

第2章

相手の「価値観」を知る

前章では、私が実際に受けた質問と回答を紹介しながら、私なりの「伝える技術」を解説してみました。文字どおりの「技術」（テクニック）については、なんとなくご理解いただけたのではないかと思います。

ここからは、こうした技術のもとにある「基本原理」について、できるかぎりわかりやすく説明していきましょう。前章で話した技術がどうして生まれてきたか、その由来を解説できればと思っています。

最初に、私の失敗談から始めます。

テレビの生出演で犯した大失敗

かつてテレビに出演したときに、たいへんなしくじりをしたことがあります。二〇〇〇年三月三十一日に北海道の有珠山《うすざん》が二十三年ぶりに噴火し、翌朝のニュース番組『ウェークアップ!』(日本テレビ系)で解説することになりました。全国ネットの高視聴率番組ということもあって、私はいそいそとスタジオへ出かけていったのです。

朝五時半に集合してリハーサルをくりかえしたあと、八時ピッタリにオンエア開始。キャスターの桂文珍さんと酒井ゆきえさんの巧みなリードのもと、有珠山噴火の現状やメカニズム、今後の見通しなど、それまでの研究成果を端的にわかりやすく、火山専門家の立場から説明しました。

滞《とどこお》りなく解説したつもりでしたが、それがとんでもない大失敗だったのです。

あとで録画した映像を見なおして、私は唖然《あぜん》としたのです。たしかに的確ではあったのですが、しゃべっている内容がきわめて難しい。それに何といっても、表情が硬い。まるで難しい交渉ごとをしているような顔つきをしていました。おまけに、かなり早口になっていたのです。

　また、「水蒸気爆発」や「火砕《かさい》サージ」といった専門用語をふんだんに使っています。「噴火のスイイ（推移）」や「地面がリュウキ（隆起）」「今後をケネン（懸念）」といった難しい漢語がどんどん口から出ており、挙げ句の果てに「dry up」などといった英語まで飛び出していました。はじめての生放送ということもあって意気込んだのはよいのですが、いささか緊張していたのです。

　まあ、緊張は許していただくとしましょう。しかし問題なのは、私が視聴者のことを、つまり一般市民の価値観をまったく考えていなかったことです。

　結局、視聴者にもっとも伝わったのは、この緊張感だったと思います。火山の噴火など見たこともないお茶の間の視聴者に、言い知れぬ恐怖感を与えてしまったのです。

「北海道の山が噴火したらしいけど、専門家がコワイ顔をして早口でまくしたてていたね。話の中身はよくわからなかったけど、なんだか恐ろしいことになりそうだぞ……」

「そうだよね。有珠山はこれから大爆発するにちがいない。学者があんなに緊張してしゃべっているんだから、きっとたいへんなことが起きる……」

　あとで映像を見てもらった素人の友人が言った感想も同じようなものでした。

実際に私が述べたのは、「今回は死傷者が一人も出ず、噴火予知に成功しました。火山学者は地下のマグマの動きをきちんと把握しています。今後の推移と予測は観測データを見ていれば何も心配ありません」ということでした。

ところが、正反対の印象を視聴者に与えてしまったことに、私は愕然《がくぜん》としたのです。ここから、私の「伝える技術」の達人になるための修業が始まることになります。

私が市民のみなさんに伝えなければならなかったことは、いったい何だったのでしょうか。難しい専門用語を並べ、だれもが納得する肩書をテレビのテロップで流し、その番組の権威づけに協力することが私の使命だったのでしょうか。

いいえ、違うのです。火山の実態をわかりやすく説明し、自然への畏敬《いけい》の念を語り、噴火が起きても犠牲者を出さない方法を伝えること。とくに、無責任な風評《ふうひょう》被害が発生して、火山の麓《ふもと》で生活する人たちに打撃を与えるのを防ぐことが、火山学者である私の本来の仕事なのです。

いまから思えば、この生放送では、表情をやわらかくゆっくりとした口調で、「有珠山は大丈夫です。これからどうなるかはテレビで観ていてくださいね」とだけ言えばよかったのです。視聴者の不安や興味の方向を考えながら、言葉を選びつつ、彼らが知りたいことをきちんと伝えること。それが私の本来の役目でした。
序章でお話ししたように、相手に伝えるためには、その人の「価値観」を知ることが重要となります。では、伝える技術の根底をなす価値観とは何なのでしょうか。

「大金」とはいったいいくらなのか？

ここで、なぞかけをしてみましょう。

「あなたにとって、大金とはいくらですか？」

この問いかけをすると、さまざまな金額が返ってきます。二〜三万円から数十億円まで驚くほど差が出るのです。違いの由来は「大金」という言葉から、「財布の中身」「給料」「マイカー」「投資資金」「銀行ローン」「目標年収」「宝くじ一等賞」など、さまざまな連想が広がることにあります。
これらの回答の判断基準、もしくは答えの向こうにあるものは何でしょうか。それは、人それぞれのお金に対する価値観であり、ときには人生設計でもあります。

つまり職業、収入、年齢など、さまざまな条件から生まれてくる判断基準によって答えは変わるのです。これが価値観というものの実体です。

年代によってもお金に対する考え方はまるっきり違います。わずかな小遣いしかもっていないのに大きな物欲と戦う十代。結婚を控えた二十代。もうひと旗上げようと起業に燃える三十代。家族が重くのしかかってくる四十代。先が見えてきた五十代……。

お金には年齢による価値観の違いが歴然と存在しているのです。

同じ年齢であっても、友人と会社をつくって独立しようと考えている人もいれば、一戸建てのマイホームを夢見ているサラリーマンもいます。私の同僚のように、借家に住みながらも数千万円の科学研究費をねらっている研究者もいるのです。

くりかえしますが、職業、収入、年齢などさまざまな条件によって規定されている価値観と判断基準で、答えはみな異なるのです。これらを総じて、頭の中にある「価値観」と私は呼んでいます。

わかりやすい例をもう一つ出しましょう。

蟬の声はほんとうに静かなのか？

江戸時代の俳人・松尾芭蕉《ばしょう》には、だれもが知っている有名な句があります。

閑《しずか》さや岩にしみ入る蟬《せみ》の声

夏の暑い盛りにうるさく鳴く蟬の声が、かえって静寂感を醸《かも》し出す不思議な情景を詠《うた》っています。たいていの日本人はこの情景について「なんとなくわかります」と言うでしょう。

しかし、北極圏から一歩も出たことのないイヌイットの人たちには、理解不能なのではないでしょうか。生活環境があまりにも違いすぎるからです。

冷静に考えてみれば、うるさく鳴く蟬が静かだというのは、まったく論理的ではありません。したがって、多くの西欧人にとって、この名句は理解しがたいだろうと思います。

もしかすると、エアコンの効いた部屋でゲームに熱中するいまの日本の小学生にも、もはや理解不能かもしれないのです。最近では、ものを考える枠組みや価値観の変化が、加速度的に速くなっているからです。

つまり、この情感がわかるのは、価値観が同じ人のあいだだけと言っても過言ではありません。江戸時代に生きた芭蕉の価値観は、イヌイットや西欧人、そして現代の小学生には共有が難しいのです。

「金を湯水のように使う」の意味とは？

価値観は生活環境の違いによっても当然ながら異なります。

もう一つ話をしてみましょう。「金を湯水のように使う」という表現にまつわる話です。東京の南にある伊豆大島は、日本でも有数の活火山です。この島は、行政上は東京都に属するのですが、離島という環境から独特の言葉が使われてきました。

島ではむかしから水がたいへん貴重で、ここの火山を長年にわたって研究してきた中村一明教授はこのように書いています。

大島では金を湯水のように使うといえば、お金を大事にするという意味だ、とあったのを憶えている。（中略）大島名物の一つである牛乳せんべいも、もとはといえば粉をねるのに水の代りに牛乳を使ったのが始まりだという話をきいたことがある。（中略）深く切れ込んだ谷は沢山あるのに谷底には水がほとんど流れていない、ということである。

（中村一明『火山の話』岩波新書、九七ページ）

つまり、周囲を海で囲まれ真水がほとんどない離島では、せんべいをつくるために高価な水ではなく安価な牛乳を使ってきた習慣が、通常の意味とは逆転した言葉づかいを生んだのです。

しかも、この原因は、谷底にも水がほとんど流れていない風土にあるのです。山紫水明《さんしすいめい》ではない火山島の厳しい自然が、島の人々の価値観をつくりあげたのです。

「海」とは何だ!?

さらにもう一つ、価値観の違いを表現したみごとなマンガがあります。小泉吉宏氏の四コマ作品『ブッタとシッタカブッタ』シリーズです。私が述べてきたことは、以下の四コマに凝縮《ぎょうしゅく》されています。

海？

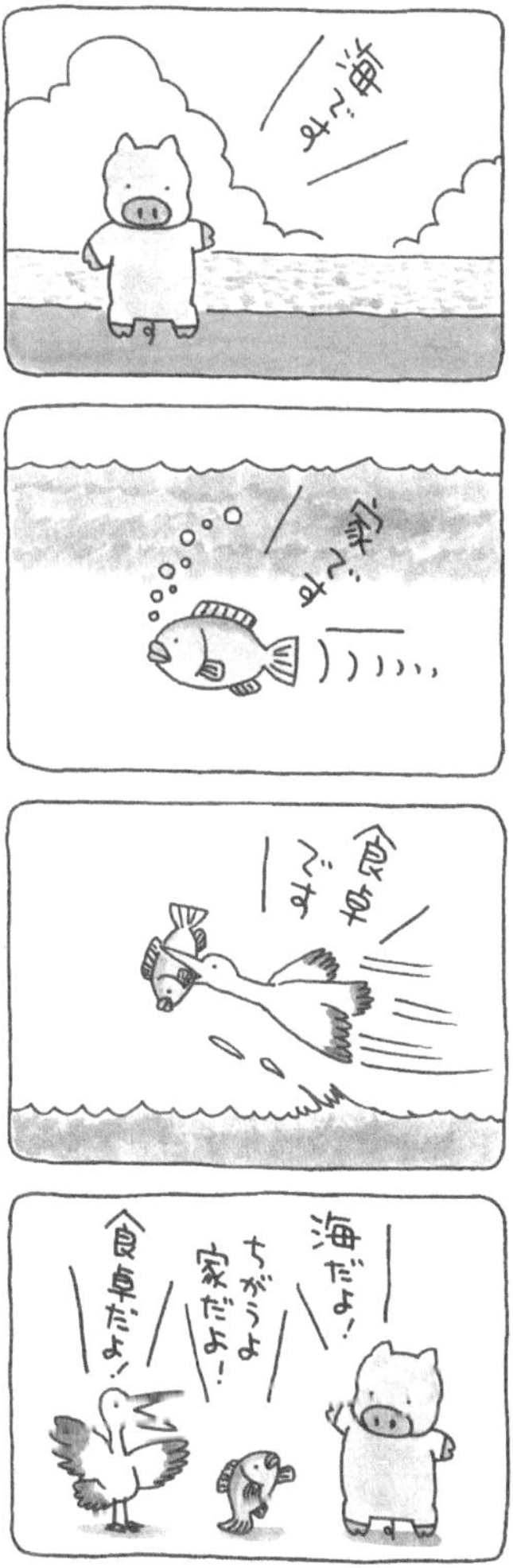

（小泉吉宏『ブッタとシッタカブッタ〈1〉』メディアファクトリー、一四〇ページ）

見てのとおり。このマンガは「海」という言葉がもたらすイメージを使って、価値観の違いをわかりやすく描いています。たったの四コマで、そのギャップをみごとに伝えてくれているのですから、さすがです。

このシリーズは、仏陀《ぶつだ》（お釈迦《しゃか》さま）とブタが人生の哲学についてやりとりする抱腹絶倒コメディで、何十万部も売れている人気マンガでもあります。

そもそもの仏教は、現代人の日常生活からは程遠い教えです。このような題材を扱いながらベストセラーになるとは、脱帽と言うほかありません。価値観の橋渡しを伝えるもっとも洗練された描き手は、マンガ家かもしれないと思わず唸《うな》ってしまいます。

記憶に残る広告コピーは何が違うのか？

価値観についての興味深い例を続けましょう。

赤信号、みんなで渡れば怖くない。

これは、もともとは『欽ちゃんのドンといってみよう！』（欽ドン！）という番組の脚本に書かれ、その後、ビートたけし氏が流行《はや》らせた有名なフレーズです。たぶんH本人の多くが知っているのではないでしょうか。

内容は、論理的にも倫理的にもまちがっています。しかし、論理と倫理の両方が、現実の姿によって吹き消されてしまっているのです。ビートたけし氏によって軽く笑い飛ばされてしまったのです。

このフレーズは、現代社会の価値観とぴったり一致しています。だから、言葉の出所を知らない人でも知っているのではないでしょうか。明らかに、名文ならぬ名文句です。

こうした時代の価値観を産業に利用したのが、広告コピーです。次を見ていただきましょう。

バーゲンに行くと
生きてる気がする
西武百貨店

岩崎俊一氏のつくった広告コピーの傑作です。「バーゲン」という言葉づかいに時代を感じますが、いまでも多くの女性には思い当たるフシがあるはずです。これも同様に、現代人の価値観とピッタリ一致しているのです。じつは何を隠そう、ファッションが何よりも好きな私自身が、バーゲンと聞くとそわそわしてしまいます。

広告が当たるのは、受け手の価値観と一致したとき。価値観が合わない人には、何を言っているのか皆目わかりません。価値観が合致しないというのは、落語を聴いてもオチがわからないようなものです。これでは消費者に、その商品は買ってもらえないでしょう。

しかし世の中には、オチのわからない落語のような文がけっこうあふれているのです。独りよがりで、何を言いたいのかわからないフレーズは、思いのほか多いもの。価値観の橋渡しが失敗しているのです。

有能な広告コピーライターは、世間の価値観に合わせようと日夜、言葉を探しつづけています。世の中を流れる「空気」をつかもうと努力しているのです。

コピーライターの仕事は、商品の価値観と大衆の価値観を合わせる格闘と言ってもよいでしょう。おびただしい数の広告コピーから、ひと握りの成功例だけが傑作として生き残り、多くの人の記憶に残りつづける。言葉をめぐって共通の接点を探す試行錯誤こそが、名文を生み出す条件なのです。ここでは、どれだけ受け手の価値観と合う言葉を繰り出せるかが最大の勝負なのです。

さらに大きくとらえれば、ここまで進んだ現代の資本主義は、価値観に対する「刷り込み」を活用しています。ときには点滅信号のように受け手のサブリミナルに訴えながら、商品の購買意欲を高める方法を駆使しています。

といって、受け手に迎合すればよいわけでは決してありません。異なる価値観と上手に合わせながら、発信者のオリジナルな考え方を注入しようとするのです。

そのためには、時代の価値観、受け手の価値観を十分につかんでいなければなりません。広告戦略の基本はここにあります。よって、大当たりした広告コピーやベストセラー本は、凄《すさ》まじい努力と必死の探索の果てに誕生した作品といえるのです。

なぜあの人はモテるのか?

ここまで、本書で考える価値観とは何かについて、いろいろな例をあげて説明してきました。理解していただいたところで、次に「伝える技術」の達人になるためにもっとも基本となる考え方を紹介しましょう。

それは「相手の関心に関心をもつ」ということです。第1章でも紹介しましたが、身近な例として恋愛を取り上げてみましょう。

世の中にはモテる人とモテない人が厳然として存在します。その差異は何でしょうか。ここに、「相手の関心に関心をもっているか」どうかが関係しているのです。世の中には男女を問わず、相手の関心のないことを延々と話しつづける人がいます。

相手はあくびをかみ殺している。あるいは、機械的にうなずいているだけで、話が終わるのを待っている。もし、相手が遠慮なく言える仲なら、「つまらないから、別の話をしてよ」と言うだろう。だが、それほどの仲でなければ、黙って聞いている。

（樋口裕一『頭がいい人、悪い人の話し方』PHP新書、一〇七ページ）

こういう人は絶対に異性にモテないでしょう。恋愛に関しても「相手の関心に関心をもつ」という原則は、まったく同じように成り立っているのです。

雑誌の「こんな男はモテる！」という特集を読み込んで、そのとおりに実行する人がよくいます。流行の髪型をして、流行の服を買ってくるのです。書いてあるとおりの口説き文句を、一字一句そのまま女性に語ったりもします。

しかし、この彼は目の前の女性をぜんぜん見ていません。彼女の関心に関心をもたずに、そのような独りよがりなことを続けていれば、確実に相手から逃げられるでしょう。その恋は決して成就《じょうじゅ》しないのです。

そうではなく、まずは相手の好み、趣味、興味に関心を寄せる。好きなことと嫌いなことを知るのです。そして、相手が得意な分野を話題に選んで、楽しく会話することを心がけます。自然と会話が弾むように、徹底的に相手に合わせる努力をするのです。

たとえば、相手がジャズ好きなら、ジャズの勉強をする。哲学が好きなら哲学書を読んでから臨む。相手が楽しいと思える好みの会話にもちこめば、好感をもってくれるようになるはずです。

恋する相手から気に入られたいと願うときに見つめるのは、自分の気持ちであってはなりません。逸《はや》る自分を抑えて、冷静に相手の気持ちを推し量るのです。

相手が何を欲しがっているのかを考えて、相手にとって好ましい状況を用意する。「相手の関心に関心をもつ」ことができてはじめて、片思いから両思いへと進展させることができるのです。

「以心伝心」はもはや通用しない

ここで、話の切り口を変えてみましょう。価値観が一致している間柄の場合、伝える技術はどうなるでしょうか。

たとえば、私たち日本人が好む心の動きに「以心伝心」というものがあります。いちいち言葉で説明を加えなくても、わずかの情報から相手を推し量り、事を進める姿に美点を認める。さらに「一を聞いて十を知る」という言葉もあります。

その以心伝心の例として、たいへんおもしろい逸話があります。十九世紀フランスの作家ビクトル・ユゴーが『レ・ミゼラブル』を刊行したときのことです。ユゴーは出版社の社長に本の売れゆきを尋ねるため、以下の手紙を送りました。

「?」

すると社長からこういう返事が来たのです。

「！」

『レ・ミゼラブル』の売れゆきはどうだろうか？

これがユゴーの問いです。

爆発的に売れている！

そう返ってきたのです。

これは世界一短い手紙のやりとりとして有名なエピソードです。

ここでは二人のあいだに、新著の刊行という共通の話題があったので、こうした離れ業《わざ》が可能となりました。極端に単純化した応答でも、十分に意思疎通ができたのです。価値観が完全に一致する場合には、言葉さえ必要としないことがあるとわかります。

しかし、これは特例と見なしたほうがよいものです。価値観が違うことがわからずに行動すると、大きな失敗をすることになるでしょう。以心伝心には落とし穴がある、と考えたほうが妥当なのです。

江戸時代のように、何百年も安定していて変化に乏しく、社会の範囲が狭い時代には、多くの人が同じ価値観で生きることができました。士農工商の身分が固定されているため、つきあう人の幅も小さく、多くの人は生まれてから死ぬまで同じ土地で暮らしていたのです。こうした時代には、以心伝心も不可能ではなかったのです。

しかし、現代はいたるところでグローバル化が進み、情報が過剰になっています。また、世代間や職業間での差異が、かつてよりはるかに大きくなりました。

その結果、人々の価値観をつくる背景が、まったく異なってしまったのです。離れた地域や宗教間での伝える技術も必要となり、世界を股《また》にかけての仕事が当たり前の時代です。よって「以心伝心」「一を聞いて十を知る」という美徳は、もはや通用しないと認識しなければなりません。価値観の異なる人のあいだで意思疎通を図るには、面倒でもきちんと言葉に出して確認する必要があるのです。

「伝わっているだろう」が失敗を生む

大学に移ってまもないころの、私がまだオタク研究者だったときのエピソードです。

学生をフィールドワーク（野外地質調査）に連れていきました。岩石のサンプルを採取す

この山岩を割りましょ・・・
ハンマーで…
「以心伝心」はもはや通用しない「伝わっているだろう」が失敗を生む
カッタです

るために、三泊四日の重装備で活火山へ入りました。山小屋に泊まるための食料やビバークセット、さらに火山ガスから身を守るためのガスマスクまで持参して出かけたのです。

さて、いよいよ岩石のサンプルを採取しようとしたときです。「この岩を割ろう」と言ったところ、学生はハンマーをもってきていなかったのです。

ハンマー、クリノメーター（傾斜儀）、地図の三点は、フィールドワーク三種の神器。よもやハンマーを忘れるとは思いませんでした。あわれ鎌田フィールドワーク隊は、ずっしりと重い岩石を丸ごと抱えて持ち帰るはめになりました。

ほんの拳《こぶし》程度のサンプルが研究用に欲しかっただけなのですが、価値観の異なる学生に準備を託した私が悪かったのです。そして、サンプルを除いた残りの巨大な岩石は、いまも火山が噴火するはずもない大学構内のある場所でひっそりと風雨にさらされています。

価値観は何によって左右されるのか？

ここで、価値観がどのように形成されるのか、あらためて考えてみましょう。

人はそれぞれ異なる価値観をもっています。その価値観はそれまでそこにあった価値観によって構築されます。本人が気に入ろうが気に入るまいが、周囲の環境やまわりの人たちが考え方をつくってしまうのです。よって私も、私自身の価値観からは決して逃れられないのです。

では、その多様な価値観は、いつつくられるのでしょうか。身近にあるさまざまな状況で見ていきましょう。

最初に、先天的な環境が価値観をつくる場合を考えます。世の中には、自分の力ではどうすることもできない条件があります。たとえば、男か女かは簡単には変えられません。人権をめぐる平等論はともかくとして、伝統的な社会が規定する男女の差異は、人格形成や価値観に大きく影響を与えてきました。これは趣味や嗜好《しこう》だけでなく、教育や職業まで規定することが多いのです。

男だから女だからと言い訳をしながら、損をしたり得をしたり。いずれにしても、リスクとリターンをともなって生きていくことになります。

同じように、身体上の差異も影響を与えます。子どものころから体格がよいばかりに、たくさん用事を言いつけられて損をしたと思っている人がいたとしましょう。この人にとっては「背が高いね」と言われることは、必ずしも心地よいことではないかもしれないのです。

「背が高い」ことが、彼にとってはネガティブな価値観をつくったのです。

これとは反対に、小さいときから背が低いことにコンプレックスをもちつづけてきた人がいたとしましょう。しかし彼は、競走馬のジョッキーという職業を知ってから、小柄な体格の価値に気づいたのです。

この例では、当初は先天的な条件が「背が低いのは損」という価値観をつくっていたものが、のちに環境やまわりの条件が変わると「背が低いのは得」という価値観に転換しています。

成長していく過程でつくられる価値観

次に、後天的な条件が価値観をつくる場合を考えてみましょう。生育環境や教育を含む後天的要素も、価値観の形成には重要です。兄弟がいるかいないか、都市に住むか田舎に育つか、親が商売人か勤め人か、金持ちか貧乏か——こうした条件が価値観をかたちづくっていくのです。

私自身の例でいえば、一人っ子の私は、皿に一つ盛りされたフルーツを出されると、すべて自分が食べてよいものと思っていました（！）。したがって、皿に向かう人数を考えれば四分の一しか食べてはいけない、などと考えたこともなかったのです。私のこの価値観は、長ずるにおよんで方々でバッシングに遭遇しました。

入った学校が価値観をつくり、就《つ》いた職業も影響を与えます。さらに少し抽象的になりますが、文化的環境や親しくつきあう人の価値観によっても、自分の価値観は変化していきます。親友や教師が価値観を形成することも多々あるでしょう。

なお、後天的な価値観の形成では、いちばん身近に接している親や兄弟の影響がもっとも大きいというわけではありません。たとえば、親兄弟にひどく反発した結果、正反対の価値観ができあがることも少なくないのです。いわゆる「反面教師」と言われる現象です。

さらに価値観は、時の経過にしたがって変わっていきます。戦前と戦後、バブル崩壊の前後など、時代の流れに影響を受けやすいのです。また、周囲の環境が同じでも、若いときと年を取ってからでは価値観が違ってきます。身体上の加齢によっても、価値観は変わっていきます。

こうした実情を見ると、多くの人と接して経験を積むことは、数多くの価値観のモデルを所有することになります。だれと出会い、何を見て、どのようなことを学んだかのすべてが、価値観を形成する際の重要なファクターとなるのです。

人は思い込む動物である

価値観を決めるものは、先にあげたような大きな条件だけではありません。小さな経験の一つが、一生を左右するような思い込みをつくってしまうことも多々あるのです。初恋の人のイメージが何十年も残っているようなものです。

積み上げられた成功や失敗の体験すべてが、価値観形成の原料となります。したがって、人間が一〇〇人いたら一〇〇通りの価値観が生まれる、と言っても過言ではないのです。

人は社会のなかで、自分と価値観の異なる他人をつねに意識しながら生きています。いくら人間関係が希薄になったからといって、無人島で生活をするわけではありません。

相手が気に入るようにしよう、あるいは、この人には絶対に逆らうぞ、といったさまざまな想念のなかで、自分の行動が決まっていくのです。

もう一つ大事な現象があります。人間は勝手な動物で、自分の見たいように世界を捩《ね》じ曲げて見ることがあるのです。つねに色眼鏡をかけて世界を認識していると言っても過言ではないでしょう。心理学の世界では「認知のバイアス」もしくは「認知論」と呼ぶのですが、すべてを本人の都合で解釈していくのです。

私は以前、地質の研究のために一年の三分の一以上も山にこもっていました。そのころの私のフィールドは大分県と熊本県の境にある九重《くじゅう》火山でした。ここは高山植物が咲き乱れる九州でも屈指の美しい別天地です。

私は天然記念物のミヤマキリシマが満開の新緑の尾根で、もしくはこの世のものとも思えぬ美しい紅葉の只中に身を置きながら、じつは、そのいずれも知らなかったのです。草花のどれも目に入らず、ひたすら地表に露出する岩石と地層だけを見つめて過ごしていました。

むしろ冬枯れの季節は、露頭《ろとう》（地層の見える断面）がよく見えるから大好きで、芽吹きは地層が見にくくなるため鬱陶《うっとう》しいとさえ思っていました。地質学者にとっては、ミヤマキリシマも紅葉も邪魔者以外の何物でもなく、だから九重火山に生えている植物など、まったく知らなかったのです。恐るべき認知のバイアスではないでしょうか。

＊

もう少し高尚な例も出してみましょう。フランス十七世紀のモラリスト文学者であるラ・ロシュフコーは、以下のように述べています。

われわれは、自分と同じ意見の人以外は、ほとんど誰のことも良識のある人とは思わない。

(『ラ・ロシュフコー箴言集』二宮フサ訳、岩波文庫、一〇三ページ)

これも、価値観が違う人どうしは理解しがたいという現実を表現しています。

人は思い込みの強い動物です。思い込みとは、とりもなおさず「価値観」にほかなりません。

なかでも人は、周囲から知らないうちに加えられた価値観に支配されやすいのです。自分では嫌っていても、両親にいちばん強く影響されていることなど、まさに象徴です。

「思い込みの強い人」という言い方はよくされますが、もともと人間はだれもが思い込みで凝《こ》り固まっているものです。自分だけの自由な意見をもっているように見えても、意見の根底にある思い込みからは決して自由になれないのが、人間の特性なのです。

人は、自分ではどうにもならない思い込みを上手に使いながら、その思い込みのなかで暮らす知恵をもっています。どうせ思い込みから逃れられないのであれば、思い込みといっしょに人生を送ったほうがよい、ともいえます。

人間は無意識のうちに、そのように決断しています。というのは、そのほうがはるかに楽に暮らせるからです。だから人は、思い込みを捨てることが決してないのです。

たいていの人は、自分の価値観に合うものだけを好んで取り入れます。本を読んでも、自分の考えと合うところしか頭に入らないのはそのためです。その結果、刷り込まれた思い込みは強くなり、価値観の呪縛《じゅばく》はさらに堅固になります。まさに思い込みの拡大再生産なのです。

どんなに優れた思想さえも、時代と人のつくった思い込みであり、それを人間は営々と伝承してきたのです。

相手の価値観に立ち戻る

「人は思い込みの動物である」という考えは、すべての「伝える技術」を支配している原理であり、よい人間関係の基盤でもあります。

この点を踏まえたうえで、心理学者ウィリアム・ジェイムズは名著『プラグマティズム』の冒頭で、チェスタトンの『異端者』の一説を引用して以下のように述べています。

およそ一個の人間に関して最も実際的で重大なことは、なんといってもその人の抱いている宇宙観である……（中略）まさに敵と矛《ほこ》を交《まじ》えようとする将軍にとって、敵の勢力を知ることは重要ではあるが、しかし敵の哲学を知ることの方がよりいっそう重大なことであるとわれわれは考える。

（ウィリアム・ジェイムズ『プラグマティズム』桝田啓三郎訳、岩波文庫、一一ページ）

ここで言う「哲学」とは、それぞれの人がもつ価値観のことです。敵の勢力を知るよりも敵の価値観を知るほうが大事だと、彼は説くのです。

もし、伝えることがうまくいかなかったら、「相手の価値観を知る」という基本に必ず立ち戻ってほしいと思います。価値観の橋渡しはそこから始まるのです。この点をきちんと理解してから、次のステップへと進んでいただきましょう。

人は読書で自分の価値観を確認している

人が価値観にいかにとらわれているかを、読書をテーマに説明してみましょう。

人は本を読むとき、じつは自分と同じ考えのところだけ拾い読みするのです。

「読書はすでに自分がもっている考えをなぞる行為である」

だれが言ったか忘れてしまったのですが、私の記憶に残りつづけている格言です。世の中を斜めから見るような発言ですが、この短い言葉には、本書で言いたい結論が集約されています。

読書とは、じつは自分の価値観を確認する行為なのです。文章を読みながら自分の価値観を呼び覚ましている、と言ってもよいでしょう。

一般に本の読み手は、自分の価値観に合った文章を気に入るものです。逆にいえば、印刷された文章を構成している価値観と一致する人にだけ、その文章は訴えかけるのです。したがって、価値観の合わない人には、どんなに優れた文章も魅力的には映りません。たとえ美辞麗句を尽くしたとしても、なんの効果も生み出さないのです。

実際のところ、読書でまったく新しい考え方を得ることなど、ほとんどありえません。一冊の本の九割ほどが、すでに自分がもっている知識の強化なのであり、一割だけ新しいことをつけ足している程度なのです。

これは立場を換えれば、文章を書く際にも忘れてはならない点です。他人に文章で何かを伝えるときのポイントがここにあるのですから。すなわち、読んでもらう人の価値観に合わせないと、何を書いてもムダになる。人は自分の価値観に合致したことだけしか、頭に入らないのです。

人間は思っているよりも、ずっと自分の価値観に支配されています。「人の行為は価値観が決定する」というのが、現代心理学が到達した結論なのです。

たとえば、世の中には名文と言われているものがあります。名文といっても、価値観の合う人にだけしか、そうは映りません。よって名文は、読む人ごとに違ってきます。自分の価値観に合うかどうかが文章の評価を決めるのです。

ちなみに、かつて私は『使える！作家の名文方程式』（ＰＨＰ文庫）で、この点を分析してみましたので参考にしていただければ幸いです。

第3章

自分を知って相手に合わせる

伝わるコミュニケーションを実践するために不可欠なもの、それは何より、自分が伝えたいと思っている内容そのものです。そして、このときに見落とされるものとして、自分自身のことを知っているかどうか、ということがあります。

意外なのか当然なのか、人によって感じ方は違うかもしれませんが、自分を正確に知るのは難しいもの。他人以上に自分自身に対しては、「思い込み」から抜け出せないことが実際によくあるものだからです。

他人のミスや悪癖にはいつも目が向くのに、自分の失敗はすぐに忘れてしまう。古今東西「自分のことはさておき……」と棚上げする言葉があるように、わがふるまいは、なかなか気づくのが難しいものです。

「伝える技術」の達人たるもの、相手を知るのと同様、自分のこともよく理解していなければならないのです。

この章では、自分が知らず知らずのうちに大切にしていることは何か、あるいは、自分の好みは何か、また、自分が求めている方向性はどちらなのかに的を絞りつつ、「伝える技術」の達人になるための道を模索していきます。

自分の価値観を押しつけていませんか？

ところで、なぜ自分を知ることが必要なのでしょうか。それは、互いに異なる価値観をもっている人間どうしのコミュニケーションでは、双方について理解することが大切だからです。当然ですよね。

人間関係の軋轢《あつれき》はしばしば、自分がどのような人間かがわかっていないために起こります。自分では当たり前と思って行動していることが、相手には違和感を生じさせていることもあるのです。じつはこういったことには、なかなか気がつきません。

ここでふたたび、私自身の失敗例を語ってみましょう。

私は自分自身が、極端ともいえるほどに成果主義を信奉している人間であることに、最近まで気がつきませんでした。最大効率だけを求めていた生き方が、まわりとの人間関係のトラブルを生んでいたのがわかったのは、恥ずかしながら、ほんの最近だったのです。

それまでは他人の言動を見て、「どうしてそんなまわり道をするんだ」とか「何のためにそれをやるの？」とその人に率直に問い、煙たく思われていました。

あるいは、その生き方が私には理解できないと、そうした人たちを自然と遠ざけるようになっていました。

たとえば、科学者でありながら学術論文を書かず、自己満足の研究ばかりに没頭している人たちには憤《いきどお》りさえ感じていました。私のモットーは「アウトプット優先主義」。これが不協和音の原因だったのです。

私の研究室を選んだ学部生や大学院生に対する態度も、まったく同様でした。学会に出てチャラチャラともっともらしい口頭発表をする暇があったら、国際学術雑誌にしっかりとした論文を英語で出すように指導してきました。よかれと思って、学生たちに次から次へと論文の課題を与え、在学中に数本の論文を国際誌に掲載させました。

そのころの私の最大の悩みは「こんな内容では社会へ出せない」でした。その結果、学生たちは毎日がせわしなく、つねに緊張を強《し》いられる日々を送っていたのです。そんな彼らを私はかわいそうとはまったく思わず、休む間もなく作業を命じていました。学生たちは、さぞたいへんだっただろうと、いまにして思います。

一部の人たちからは疎《うと》まれていたようでもあります。けれども、周囲の人たちの気持ちを感じ取れなかったのです。いまふりかえると胸が痛みます。もう少し余裕をもって楽しく会話をしたり、マニアックなことにつきあってやったりすればよかったとも思います。すべてを私自身の価値観のみで判断し、よいと信じることを盲目的《もうもく》に押しつけてきたと反省するのです。

たしかにスパルタ教育のおかげで、彼らはみな大学教員の職を得たのですが、もっと教養や遊びを教えてやればよかったと痛感します。「あの鎌田先生がコミュニケーションの本ですかっ!?」と、彼らからヤジが飛んできそうです。

感情がからむと事態は悪化する

気を取りなおして本論を進めましょう。

私の失敗は、自分の価値観が自分で見えていなかった点が、まず問題だったのです。見えなかったからこそ、当然のように私は、学生たちに自分の価値観を押しつけていました。「早く仕上げないと就職できないぞ」が私の口グセだったのですが、それは彼らの価値観にはないことでした。彼らの目的は「ただひたすら学びたい、研究したい（そして遊びたい）」だったかもしれないのです。

ここでは、自分の価値観はなかなか見えない、という事実に着目することがもっとも大切です。

世の中で起きる人間関係のトラブルには、しばしば感情が大きくからんでいます。自分は正しいと考えているときに、それに真っ向から対立する意見が出されると、マイナスの感情が動き出すものです。

感情が激しくなると、自分の価値観はさらに見えなくなってしまいます。冷静に判断できなくなるため、ますます自分は正しいと意固地になるのです。感情のコントロールがきかなくなると、事態はさらに悪化するでしょう。

感情のコントロールがもはやきいていないと自覚できていれば、まだよいほう。たいていの場合には、何が起こったのかさえ自分でもまったくわからないことが多いものなのです。訳もわからず痴話ゲンカが始まってしまうようなもので、ときには最悪の結果をもたらしかねません。

自分では何も悪いことはしていない、と強く思い込んでいることもあります。こうした場合は深刻。客観的に見ると、明らかに相手は困っていたり、気分を悪くしたりしているのです。あるいは、具体的な不利益が生じています。

このような迷惑行為も、自分の価値観が相手のそれと異なることが見えていないため、まったく気がつかないのです。

こうなると、事態はさらにこじれてきます。生活習慣病にたとえて考えてみればわかりやすいでしょう。メタボリックシンドロームが進行しているにもかかわらず、自分ではまったくそれに気づかずに、楽しい楽しいと言いながら暴飲暴食しているようなもの。数年後に大きなしっぺ返しがくるのは確実です。

ここで、健康状態が悪化しつつあることを知っていれば、おのずと反省できるはずです。今日の体重は？　酒の量は？　塩分は？　肉と野菜の比率は？　簡単な項目をチェックすれば健康は保たれます。これと同じように、ほんのちょっとしたチェックポイントを意識的に押さえていれば、人間関係の悪化も止められるのです。

私の商売道具である科学の世界は「予測と制御」を売り物にしています。すなわち、最悪の事態が予測できれば、それを回避する道筋が見えてくるのです。人間関係の世界でも科学的な予測と制御を行うことは、不可能ではありません。その結果、価値観が異なる人どうしのあいだでも、最低限必要な橋渡しが実現できるのです。

＊

さて、ここまでの話で、価値観が何であるかについて理解していただけたと思います。しかし、いざ使ってみようと思うと、いくつか障害があります。

最初に問題となるのが、自分自身がもっている思い込み。みずからの思い込みが何であるかをよく知らなければ、話は前に進みません。自分自身の好みや希望を、自分でも明確に把握する必要があるのです。

ここで注意していただきたい点があります。本書で述べることは「自分は何者か」という哲学的な議論ではありません。自分は何が好きで、何が目標で、何が得意で、どのような能力をもっているのか。そして何よりも、どんな思い込みをもっているのかを、具体的に探すのです。

『孫子』が説くように「敵を知り、己を知れば、百戦危うからず」です。必要なのは、実際の生活に即したプラクティカルな内容なのです。

以下では、いくつかのキーフレーズを用いながら、自分の価値観を認識するための道しるべを示していきたいと思います。価値観を的確に知るために、自分の好みを点検してみることは、きわめて有効です。

自分の体の感覚を点検する

最初に、自分の好みを客観的にとらえるためのテクニックを紹介しましょう。体の感覚を使って自分自身を点検する手法です。

まず、体の示す感覚が素直に感じ取れるように、自分に対して気を向けてみます。たとえば、頭がもやもやする、息がしにくくなる感じがする、軽いめまいがする、何かに憤りを感じる……など、いろいろな感覚があります。

体がピクリと動く、まばたきの回数がふえる、手のひらに汗をかく人もいるでしょう。病気とはいえないでしょうが、ふだんの感覚を見逃さないように注意してみるのです。少し訓練することで、しだいに鋭敏になってくるはずです。

私の場合には、食事の最中に「ふとお腹がいっぱいになる」感覚があります。それまでご馳走《ちそう》を無心で食べていたのに、急にわれに返る瞬間があるのです。そうすると、自分がいま何を食べているかが見えてきて、食材の一つひとつに意識が向かいます。

これはじつは「腹八分目に達した」というサイン。ここで食事をやめると、その後はすこぶる体調がよいのです。

ところが、このサインを無視して、もうひと口食べると、この感覚はすぐに消滅してしまいます。そして、お腹がいっぱいになるまで気がつきません。こうなると食べすぎです。十分もすると苦しくなってくる。待っているのは後悔です。

このような「ふとお腹がいっぱいになる」感覚を敏感にする訓練を、ふだんから行うのです。いったん意識できるようになると、あとはいつでも感覚を呼び覚ますことが可能です。

これは、子どものころ自転車に乗りはじめたときと似ています。あれこれ試行錯誤したうえで、いったん乗り方がわかると、あとは乗りつづけられる。大人になってからも消えることはありません。こうした感覚を、人間関係の場でも身につけましょうと、私はおすすめしているのです。

別の例で説明しましょう。人前で意見を述べようとすると、とたんに脈拍が上がる人がいます。また、自分にとってつまらないこと、やりたくないことをすると、お尻がムズムズしてじっとしていられない人もいるでしょう。考えながら話す際に、自分の両手を思わず握り締めている人もいるのです。

こうした行動や感覚を、自分自身で思い起こしてみてください。そして、どのような状況で起きるのか注意深く点検してみるのです。

体の感覚は、それが起きた瞬間に感じ取れなくてもよいのです。数分たってから、ふだんとは違う感じ方をしていたことに気がつくのでもよいでしょう。私はひと晩たってから「なにやらすっきりこない」と感じはじめることもあります。

あるいは、あとになってから腹が立ってくることもあります。怒りの感覚は代表例の一つですが、反対に喜びがじんわり湧き出る人もいるでしょう。

体の感覚には、ときには時差が生じるのです。大切なのは、日ごろから自分の体の感じをていねいに観察することにあります。

イライラする自分を感じ取る

体の感覚のなかでもっともわかりやすいもの、それが「イライラする」感覚です。

苦手なことや嫌なことをしなければならないときには、だれでもイライラするもの。人は本来、心地よいなかで過ごしたいですから、苦手なことには目を伏せて逃げようとします。

この本能が、日本では抑圧されていることが多いのです。小さいころから「嫌なことから逃げてはいけない」と教育されるため、自分のイライラを把握する感性が鈍ってしまっています。

しかし、だれでも訓練すれば、体の感覚は簡単に取り戻せます。「イライラ」を感じ取るところから始めるのは、もっとも手っ取り早い方法なのです。こうすれば、自分の嫌いなものの嫌いなことをはっきりと知ることができます。

たとえば、きれいに片づいた部屋にいないと気分が悪いという人がいます。また、じっと考えているとイライラしてくるので、体を動かしているほうが好きだという人もいるでしょう。カラオケで自分が歌っているときには気分がいいけれど、他人の歌を聴いているとイライラしてくる人もいます。

ここでのキーワードは「原始的な感情」。

自分で何かをしたとき、もしくは、人のやることを見てイライラした経験をデータとして頭に入力しておきます。イライラした具体的な内容から、逆に自分がイライラしないことが何かわかってくるでしょう。そう、自分の好みを点検することもできるのです。

イライラ感を正確に認知する訓練ができると、それほどイライラする必要がないことにも気づくようになります。こうして、自分の好みが判断できるようになったあとが、とても大切。嫌いな状況にいま自分が置かれていることを認識したうえで、言葉を選びながら意識して話を始めるのです。

＊

とはいえ、嫌なことはしなくてもよい、と誤解しないでください。「伝える技術」の達人は、人とのトラブルを回避する名人でもあります。嫌なことから逃げてしまっては、なんにもならないのです。

自分の好みとは合わない、価値観の異なる相手に対しても冷静に語りかけようとする。強い口調で相手を攻撃してはもちろんいけません。

ここでも私は失敗談に事欠きません。以前の私には、意見の食い違いが生じて議論になると、相手の論理の欠陥を徹底的に衝《つ》いて、完膚《かんぷ》なきまでに叩きのめしてしまう傾向がありました。

自分の課題達成と使命感を武器に、ありとあらゆるレトリックを駆使して負けない議論を展開するのです。しゃべる速度が増し、声が大きく、甲高《かんだか》くなり、機関銃のように相手を凌駕《りょうが》する言葉が次から次へと湧き出してきます。

こうなってしまっては、「伝える技術」の達人としてはまったくの失格。私が全精力を傾けてがんばってしゃべっても、相手は一つも納得していないのですから。

感情を爆発させ、自分を抑えることが不可能になった状態では、相手の状態を冷静に見ることもできなくなります。以前の自分を思い出して、ふたたび深く反省しているところです。

そもそも、相手を責めるような話し方をしてはいけないのです。慎重に言葉を選んで、「そんな考え方もありますね」と静かに話しはじめる。相手の考えにも敬意を表しつつ、ゆっくりとこちらの考え方もわかってもらおうと試みるのです。

「イライラ」の感覚に着目するのは、自分を爆発させるためにあるのではありません。自分の置かれた状況を的確に把握して、冷静になって次の言葉を発するためにあるのです。自戒の意味もこめて、みなさんにお伝えしたい大事なポイントがこれです。

やりたいことを声に出して人にツッコんでもらう

自分の実体を把握するために役立つ点検項目が、もう一つあります。自分の目的や好みとなる内容について、優先順位を決めてみるのです。具体的に例をあげてみましょう。

だれでも人生には成し遂げたいことがあります。たとえば、恋人や友人と仲よくしたい、人に何かを伝えたい、人から認められるよい仕事がしたい、といったさまざまな目的があります。これらを的確に認識し、それにしたがって率先的に行動を起こすのです。

もし目的が多すぎてまとまらない場合には、「これはいま先にすべきことなのか？」と自分に問いかけます。そして、二番目以下の目的はあとまわしにして、一番目の目的に集中するのです。

このとき、自分の好みや、やりたいことを確認する便利な方法を一つお伝えしましょう。ある程度はっきりしてきたときに、声に出していま一度、確認するのです。

では、「声に出す」ことの効用は何でしょうか。

やりたいことを人前で声に出して宣言する。そのうえで、その人に「ほんとうにそれがやりたいの？」と聞き返してもらう。「もちろんそうです」と答えることができれば、それが本物だと自覚できます。

反対に、イエスという答えが口から出てこないことがあります。目的達成への障害が大きすぎる場合には、不思議と、すんなり返事ができません。自分には乗り越えられないと無意識が判断したとき、こうした反応になるのです。ガマの油のように、たらりと汗が流れそうになります。

私自身の例でいえば、「これからは倹約する」と言って「ほんとう?」と聞かれたときに、返事につまった記憶があります。一方で「今年は本を出すぞ」と言って「ほんとう?」と聞かれても、「もちろん!」と答えることができました。実際にはかなり困難な作業が控えている場合でも、即座にポジティブな返答ができたのです。

無意識のなかに前向きな姿勢がある場合には、多少の迷いがあっても、挑戦して茨《いばら》の道を越えることができるものです。

こうして、自分の方向性を確認していくのです。

なお、人前で声に出すのは、慣れないと、なかなか恥ずかしいものです。しかし、親しい友人や恋人、もしくは信頼のおける先輩の前であれば、少しは心の負担は軽いかもしれません。

このような点検を行うには、それなりの理由があります。あとで述べる「変えられるのは自分だけ」という観点から重要な作業だからです。

たとえば、私がアウトリーチ(啓発、教育活動)を志したときには、それまでのオタク科学者の価値観を大きく変える決心が必要でした。市民に科学を伝える技術の達人になるためには、乗り越えるべき壁が数多くあったのです。

専門家の閉じた世界から脱出しなければなりませんし、言葉づかいも改める。私自身がそれまで親しんできたやり方を一八〇度変えなければなりませんでした。

ここで私は自分の決心を鈍らせないために、何度も声に出して目標を確認しました。自分で発した声は耳から無意識に入り込み、みずからを実行へと向かわせることになります。

多くの自己啓発マニュアルも説いているように、声に出すことは効果的な方法なのです。企業のなかには毎朝、声を出して社是《しゃぜ》を読み上げるところも少なくないようですが、それもこのためです。

できることならば、目的の達成イメージを言葉で表現して、無意識に刷り込んでおくとよいでしょう。自分の方向性を正確につかみ、たえず確認することがすべての始まりなのです。

変えられるのは自分だけ

相手と自分の価値観の違いに気づいたとき、具体的には、どのようにしたらよいのでしょうか。

多くの人はまず「相手が変わってほしい」と思います。「悪いのは明らかに相手だ。相手が変われば自分も変わってあげるのに」と思っている人が大多数なのです。

しかし、それでは百年待っても相手は変わってくれません。自分が変わってはじめて、相手が変わってくれる可能性が開けるのです。「相手から先に変わってほしい」という願望は、いますぐに捨てたほうがいいでしょう。

ここには「変えられるのは自分だけ」という心理学の法則があります。言うは易《やす》く、行うのはたいへん難しいことではありません。それでも、実際に経験してみるとわかるのですが、人間関係を根本から変えるポイントがここにあります。

橋渡しに必要な部分だけを変える

価値観の橋渡しでもっとも重要なのは、「相手に合わせて自分を一時的に変える」点にあります。「伝える技術」の発想の要諦《ようてい》がここにあります。すべてを変更しなければならないのでは決してありません。問題が発生した具体的な部分にだけ焦点を当てて、その解決だけを図るのです。

この場合、自分の性格や好みが何であるかは、あまり問題ではないでしょう。自分はどうあれ相手に合わせられるかどうか、それだけが肝要なのです。自分の生き方や嗜好に目を向けてはいけないのです。

相手をよく観察して、必要な点についてのみ自分を変更し、相手への橋渡しをする。これだけです。もしここで橋渡しがうまくできれば、あとの物事は万事うまく進みます。「変えられるのは自分だけ」というのは、「部分的な」価値観のみを指しています。橋渡しに必要な一部分だけを変える、と言ってもよいでしょう。

そして当該の目的を遂げることができたら、また、もとの自分の価値観に戻って行動してもよいのです。自分の生き方に関する大部分を変えるわけではないと、気楽に考えてください。

ただし、先に他人を変えることはできず、まずは自分を変えなければならないという「鉄則」は忘れてはなりません。

「一点だけ譲歩法」

では、自分を変えるとは、具体的には何を、どのように変えればよいのでしょうか。性格のすべてを変えるのは不可能ですし、その必要もありません。

そこで、一点だけ譲歩して変えるというテクニックがあります。「一点だけ譲歩法」と名づけておきましょう。

たとえば、人を訪問するときに手みやげをもっていくのが嫌いな人がいたとします。相手がみやげの品を必ずしも喜ぶわけではないのだから、虚礼はムダだと考えています。それはそれで一つの価値観です。

しかし、現実の世の中では、ぜんぜんたいした品でもないのに、手みやげをもらえば喜ぶ人は少なくありません。ときには包装紙を見ただけで、中身が何であるかよりも、有名百貨店で買ってきてくれたことに価値を見出して喜ぶ人もいます。そのような人を相手にするときには、みやげはムダだと思わず、さっさと有名百貨店で買っていけばよいのです。

包装紙を基準にしようとする相手の価値観を、こちらが変えることは、まったくもって不可能。ならば、必要のないエネルギーを費やすことはありません。大切なことは、その先にあるはずです。こちらの依頼や願望を伝えること、商談や案件が進むようにすることなのです。

したがって、一点だけでもこちらが譲歩して相手に合わせる。その結果、相手と円滑な人間関係を築くことができれば、大成功ではないでしょうか。おみやげを持参するくらいのことは、たいしたエネルギーと出費ではないと気づくでしょう。

要は、窮屈に考えないことです。

理解していただきたいのは、生き方も含めて相手の好みにすべて合わせなければならないわけではない、という一点に尽きます。有名百貨店の包み紙にくるまれたみやげをもらうと嬉しいという相手の好みにだけ、こちらが譲歩するのです。

言い換えれば、この一点だけなら譲ってもたいしたことではない、と思える項目を選んで、自分をほんの一時だけ変えてしまえばいいのです。

「負けカード」を出すと円滑に進む

人間関係では、常識的な価値観や自分の喜怒哀楽の基準をもちこむと、うまくいかないことが多々あります。

たとえば、どうしても相手に譲歩をお願いしなければならない場面に直面したとしましょう。しかし、当の相手はたいそう偉そうにしています。なんともシャクに障《さわ》って、へつましてやりたいと思ってしまいます。

でも、相手に譲歩してもらいたいという大きな目的のために、ヘコましてやりたいという小さな目的は、さっさと捨てなければならないのです。小さな目的が成就されなくても腹を立てないと戦略的に考えるべきです。

このことを「一時的優越感からの脱却」と言います。大げさにいえば「権力闘争から降りる」と表現してもよいでしょう。

人はつまらないことに意地を張って大事なことを失いがち。「馬鹿にされたくない」「威張りたい」「勝ちたい」という小さな目的を優先させ、心理的な優越感を得たいがために、相手に余計な議論をふっかける。そして議論に勝利したとき、大切なことをフイにするのです。思い当たる方も多いと思いますが、こうした失敗はだれでもよく起こすものです。

「負けカードを出して人間関係を円滑にする」ことが大切。こちらが負けカードを出して、相手に優越感を与えることもできるのです。

そして相手がよい気分になったあとでは、こちらのお願いをかなえてもらうのも、それほど難しくはなくなるでしょう。「一時的優越感からの脱却」は、トラブルを避け、交渉をスムーズに進めるために非常に便利な考え方なのです。

国民的人気作家の司馬遼太郎は『竜馬がゆく』にこう書いています。人と議論をする前に、よく考えておきたい逸話です。

竜馬は、議論しない。議論などは、よほど重大なときでないかぎり、してはならぬ、と自分にいいきかせている。

もし議論に勝ったとせよ。

相手の名誉をうばうだけのことである。通常、人間は議論に負けても自分の所論や生き方は変えぬ生きものだし、負けたあと、持つのは、負けた恨みだけである。

（司馬遼太郎『竜馬がゆく（3）』文春文庫、二四五ページ「伯楽の章」）

相手の出方をイメージしてみる

負けカードを楽に出すためには、もう一つ有効なテクニックがあります。出したあとの相手の動きをイメージしてみるのです。

このイメージがさほど悪くないものであることに気づくと、負けカードを出す心理的抵抗感が薄れます。負けカードの印象が、しだいによいものに変わっていくのです。負けカードは交渉の切り札になるくらい重要なものなのです。どれだけ多く負けカードをもっているかで正否が決まる、そう言っても過言ではありません。

私にはこんな経験があります。はじめての本をようやく書き終えたころ、出版デビュー直前のことです。ある有名雑誌から原稿の依頼を受けたとき、担当の編集者が社内向けのメールを私に誤送信してきたのです。

「この先生使えるかな？」

そんな短い文面でした。

出版界では無名の私を使ってよいものかどうか、編集部内で迷っていたのでしょう。担当編集者は誤送信したことにすぐ気がつき、私へ神妙な謝りのメールを送ってきました。

私はしばし考えました。失礼な内容だと怒りをぶつけ、ちゃぶ台をひっくりかえしてもよかったのです。しかし、二〇万部以上の売り上げを誇る雑誌です。将来、この雑誌に連載枠をもらえたら、どんなにすばらしいだろうとイメージしてみました。

「まったく気にしておりません。世間にはまだ無名ですので、書かせていただけるだけで幸いです」

意地はもっと大きなことに張ろうぜよ・・・
『この先生使えるかな?』
Re
まったく気にしておりません
by カマタ

私はていねいな返事を書きました。結果として、事態が穏便に運んだだけでなく、果たせるかな数年ののち、その雑誌から連載をいただきました。

一時的優越感からの脱却は、スキーの「抜重《ばつじゅう》」とよく似ています。スキーで滑降する際には、体に無理な力が加わっていると、上手に滑ることができません。うまく力を抜きさえすれば、重力が自然に体を下方へと運んでくれるのです。ムダなエネルギーを使わないことが、スキー上達への近道といえます。

人間関係もまったく同じ。「心の抜重」がうまくできると、たいていの問題は難なく解決してしまうものです。

相手に対して何でも素直になる

人間関係の悩みで多いものに、人と気軽につきあえない、ということがあります。たとえば、人と会って話をしたあとに、どっと疲れる方もいるでしょう。人と会うことが楽しみではなく、ストレスになっているのです。

裏を返せば、疲労するほど気づかいをして会っているということ。じつは、それ自体は決して悪いことではありません。人間関係にていねいに対処していることでもあり、すばらしいことです。

しかし、何事も疲れてしまっては長続きしません。ここで大事なのは、エネルギーを使うようなしんどいことは、できるだけ避ける方向へと気持ちをもっていくことです。

まずは相手に対する過度な気づかい、ときには疑心暗鬼をなくしていくことが重要です。

そのためのキーワードは「素直になる」。つまり「相手に対して何でも素直になる」ことによって、エネルギーの浪費を最小限に抑えるのです。これは、先ほど述べた「一時的優越感からの脱却」の手法ともつながるテクニック。自分自身が楽になるために、もっとも効果的な対処法なのです。

ここでふたたび、目的達成のために何がいま大事なのか、ふりかえっていただきたいと思います。そして、相手に合わせられることは合わせてみようと考えるのです。些細なことをあげつらって諍《いさか》いをしていたのでは、いくらエネルギーがあっても足りなくなります。そのようなムダは即刻中止して、相手に素直にしたがってみるのです。こちらが意地を張らずに、相手に対して何でも素直になってください。

「形から入る」テクニック

一時的とはいえ、自分を変えるためにはエネルギーがいります。ときには、自分の気持ちがついていかないこともあります。

ここで、最初は気持ちがともなわなくてもよいので、まずは形から入る、という方法があります。たとえば会話のなかでは、上手にうなずくだけでもよいのです。

リクルート出身で、杉並区立和田中学校の校長を務めた藤原和博氏が、効果的な方法を提案しています。

> まずは、大きくうなずいてください。身を乗り出して聞いてください。（中略）では、まず、形から入ってみてください。大きく、うなずくんです。（中略）難しくいえば、非言語コミュニケーションってやつです。表情や姿勢、声の調子など、言葉でいったり書いたりできない部分で、エネルギーをフィードバックしている。（中略）大きくうなずいて、あなたの話を聞いていますよ、すごく興味を持って聞いていますよ、とくり返

し伝えましょう。（中略）バレエや歌舞伎といった古典芸能は、形をことさら重視します。

（藤原和博『人生の教科書［人間関係］』ちくま文庫、五六〜五九ページ）

こうした方法で会話を始めるのです。大事なことは「形から入る」というテクニック。形というのは、感情や体調に左右されないシステムそのものです。気持ちがついてこなくても、形式を整えることからスタートしてみる。そのうち気持ちもついてくるようになるという優れた原理なのです。

笑顔は万能の武器

形から入るのに、もっとも簡単で便利なのは笑顔です。ニコニコと笑っていれば、かなりのことはうまく運びます。

たとえば、朝一番に「おはようございます」と笑顔で挨拶《あいさつ》を交わす。これだけで、一日の人間関係の半分はうまくいったも同然です。

何かを頼まれた場合には、にっこり笑って「はい」と答えてみる。頼んだ仕事や用事を首尾よくやってもらったら、笑顔で「ありがとう」と言います。こうすれば相手は、また仕事を手伝ってあげようと思ってくれるかもしれません。人間関係で大事なのは、何はさておいても、こうした「愛嬌《あいきょう》」なのです。

人によっては、この笑顔がとても難しいことがあります。「急に言われても、時と場合によっては、笑顔などすぐにつくれるものではない」と思う方もおられるかもしれません。「第一、恥ずかしいじゃないですか！」という人も多いでしょう。

しかし、表情を変えるのは不可能と考えるのは、まったくの見当違いです。

こんな経験はありませんか。カンカンに怒っているときにかぎって、急に電話が鳴る、あるいは上司やお客さんがやってくる。

たとえば学校の先生ならば、生徒を怒鳴りつけているときに、ＰＴＡの会長が不意にやってきたような場合です。すると、その先生の表情は急に和らぎ、声のトーンは変わります。先ほどまで怒り散らしていた顔とは似ても似つかないものになるはずです。

人間は、相手が自分に都合のよい話をもってきたり、あるいは、こちらからもみ手をしてでも頼みたい案件が生じたりしたら、態度が瞬間的に豹変《ひょうへん》するものなのです。つまり、アカデミー賞クラスの俳優でなくとも、「笑顔」は簡単に出るのです。

本来だれにでも備わっている能力なのですから、ぜひ使ってみてはいかがでしょうか。

感情や体調に左右されないシステム

人間関係は千差万別なので、心の機微《きび》にすべて対応するメニューはつくれません。しかし、考え方しだいでは人間関係を円滑に築く方法があります。それが、感情や体調に左右されないシステムをつくることです。

身近なものとして、目覚まし時計の例で考えてみましょう。

どうしても早起きをしなければならなくなったとします。気力で起きようとしたら、夜中に眠れなくなってしまうでしょう。しかし、目覚まし時計に託せば、安心して眠ることができます。

このように、自分は努力しなくても自分以外のものがやってくれるような状況のことを、「理系的システム」と言います。これは私が近年、主張していることでもあります。

早起きするために目覚まし時計一個だけでは不安だったら、たくさん用意すればよいのです。もし寝ぼけてベルを止めてしまうのが心配だったら、目覚まし時計を、順次高いところに置く。もしくは、少しずつ部屋を明るくする照明のシステムを追加するといった方法もあります。いずれにしても、努力や気力なしで起きられる快適なシステムを考えるのです。

人間関係も同様です。感情や体調に翻弄《ほんろう》されないシステムをつくってしまえばよいのです。

そもそも人は苦手なことに出会うと、葛藤《かっとう》が生じるものです。この葛藤に呑み込まれて自分を失ってしまう。ここでつぶれてしまわないために、気持ちや体調とは関係なく動くシステムが必要なのです。心の葛藤対策のシステムと言ってもよいでしょう。

ここからは、努力しなくても、だれがやっても同じ結果になる方法を考えてみましょう。予測と制御を用いながら、自分を上手にコントロールする科学的な方法です。

「翻訳機」をつけておく

相手の発したイヤな言葉がいつまでも頭に残って、のちのちまで悩まされることがあります。世の中には、不愉快なことばかり言う人間もいるものです。

そこで、聞きたくない言葉を換えてしまう方法を考えてみましょう。それほど悪くはない内容にうまく変換してしまうのです。「翻訳機をつけておく」と言ってもよいでしょう。具体的な例で考えてみます。

たとえば、上司から「そんなところが君の弱点だ」と言われたら、「とても君に期待しているよ」と翻訳する。「どうしてそんなこともわからないんだ」は「君には理解する力があることを知っている」。

つまり、相手の言葉をそのまま言葉どおりに受け止めずに、その言葉を発している奥の意味を考えてみるのです。しかも、自分にとってプラスになるように、聞き苦しくない言葉に翻訳してしまうのです。外国語に翻訳するよりもはるかに簡単ではないでしょうか。

ここで冷静に状況をふりかえってみます。相手と自分が逆転した立場だったら、と想像してみるのです。

もし自分が相手だったら、同じセリフを発するのはどんな場合か考えてみましょう。

「君の弱点だ」には、「気をつけるんだよ」「その部分を磨けば君は完璧だ」といった親心が含まれていないでしょうか。「どうしてわからないんだ」は、「君には期待しているんだよ」「訓練さえすれば身につけることができるよ」といった気持ちと表裏一体のはずです。

なぜなら、どんなにがんばっても成長できそうもない人には、こうした言葉はかけないからです。「神様は、その試練を乗り越える能力のある人にだけ、その試練をお与えになる」というフレーズがあります。表向きにはマイナスの叱り言葉は、期待されている証拠でもあるのです。

小言を言ってもらえるうちが華《はな》なのです。

もしも相手が毛嫌いするような人間ではなく、恋人のような存在だったら、まったく同じ内容も表現をやわらかくして言うでしょう。ここではそれを、瞬時に、自分で翻訳するのです。

高度の翻訳機をつけておくと、罵詈雑言《ばりぞうごん》でさえ楽しく聞くことができるようになります。たとえば、子どもや生徒から「くそじじい」「バカ野郎」などと言われたとき。家庭でも教室でも同じなのですが、こういった言葉はどんなときに発せられるかご存じでしょうか。子どもたちは初対面で身構えている相手には、そんなことは決して言わないのです。相手とのあいだに信頼関係や甘えがあるときに、このような「暴言」を吐くのです。

したがって「くそじじい」と言われたら、「おじさん、大好きだよ」と勝手に翻訳しておけばよいのです。「あっち行け」は「今日はいい天気ですね」、「バカ野郎」は「すてきだね」なのです。

反抗期の子どもなのですから、年齢にふさわしい時候の挨拶くらいに思っていればいい。このように翻訳すると、世代の違う子どもたちとの会話が、きわめて気分よくできるようになります。

私がふだん相手にしているのは、二十歳前後の学生たち。社会経験の乏しい彼らのなかには、礼儀をまったく弁《わきま》えていない若者も多いものです。「先生、これしてちょうだいよ」と平気で言ってくる学生がいます。おそらく、親や教師から注意されたことがなかったのでしょう。

しかし、彼らとのコミュニケーションにおいては、私はなるべく腹を立てないことにしています。親しみを感じ、自分と近い存在として私を受け止めてくれていると翻訳しつつ、温かく見守るようにしているのです。

なぜならば、ほんとうに大嫌いな相手ならば、子どもたち（学生たち）は、大人（教授）に声もかけないはずだからです。声がかかるということ自体が、憎まれてはいない証拠なのです。

よって「くそじじい」と言われたら「ありがとう」と笑顔で返答しておけばよいのです。そこには生きた人間関係が存在しているのですから。

こじれそうになったら「場」をはずす

話をしているなかで意見の食い違いが生じて、話がひどくこじれたことはないでしょうか。あるいは、議論が堂々めぐりになり、雰囲気が悪くなってしまうような経験をしたことはないでしょうか。

そのような場合には、そのまま話を続けていると、いっそうこじれてしまいます。もともとうまくいっていた話でも、うまくいかなくなりかねません。話の内容について、相手も自分も冷静に判断できなくなってしまっているのですから。

こうしたときこそ、冷静になるためのよい方法があります。「その場をはずす」。大相撲の水入りにちなんで「水入り法」と名づけてみましょう。努力で解決しようとはせずに、ここでもシステムでさっさと乗りきるのです。

野球でいえば、バッターが試合中にタイムを要求して、バッターボックスの外に出ることに当たります。主審に「タイム」を要求して試合を止めることができます。

「その場をはずす」のは「時間を一時的に止める」ことに最大の意味があります。

もし、これ以上、同席してさらに議論を続けていたら、人間関係自体が悪くなります。すなわち、長く話をすればするほど、その時間に比例して互いに気分を損《そこ》ねていくのです。あるいは、相手を傷つけはじめるようになります。感情がこじれた状態では、どんなに優れた「伝える技術」も役には立たないのです。

では、具体的にどのようにすればよいのか考えてみましょう。

たとえば「そういえば資料があったかもしれません」と、さりげなく何かを探しにいくフリをして席を立つ。トイレに行ったり、コーヒーのおかわりに行ったりするのもよいでしょう。上手に「タイム」をかけるのです。

念のためにつけくわえておきますが、このとき、椅子をガタンと引いて不機嫌な顔で席を立ってはいけません。これではせっかくのシステムが台無し。いかにも別の用事があるかのように自然にスッと立ち上がるのです。

席をはずすシステムを、あらかじめ用意しておくのもよいでしょう。

たとえば、難しい案件がある場合には、ある程度の時間が経過したら、だれかに呼び出してもらうように頼んでおく。スマホや携帯電話を用いるのもよいでしょう。こうした準備を会議のアイテムとして前もって加えておくのです。

話がこじれているときは、往々にしてプライドとプライドが衝突している場合が多いものです。話が本論から逸れはじめたと気づいたら、気づいたほうから先に降りなければなりません。プライドを捨てられるのは、話が馬鹿げた方向に進んでいると気づいた側なのです。

ここでも「変えられるのは自分だけ」という原則が生きています。

「別件から処理法」と「お天気雑談法」

もう少し感情のコントロールができる場合には、別の方法があります。話がもつれはじめた時点で、違う案件を提案するのです。席をはずさなくては回避できないほど話がこじれていなければ、これが可能です。

たとえば、未解決ではあるけれども、簡単に決着がつきそうな案件について水を向けてみる。Aの話題がこじれそうならBの話題、それもダメならCの話題と、テーマをどんどん替えていく。こじれそうな話には深入りせずに、議論がかみあう話題で、うまく仕切りなおしをするのです。「別件から処理法」と名づけてみましょう。

しかし、いくら別の話題を出しても、いっこうにうまくいかないときもあります。AもB

もCもダメで、ネタがつきてしまったような場合です。こういうときには、お天気の話に代表されるような、当たり障りのない会話をするとよいでしょう。

相手が乗ってくるような雑談を交えるのです。相手の価値観に合うものであれば、ゴルフや映画やグルメの話題でも何でもいい。ここでは「お天気雑談法」と名づけておきましょうか。

大切なのは、会話がネガティブ・スパイラルに落ち込まないように気をつけること。マイナスのループに陥ると、抜け出すには数百倍ものエネルギーを使ってしまいます。そうならないように、細心の注意を払いながら会話の進行を見ていくのです。

そのためにも、前もって雑談用の楽しくなる会話のアイテムを用意しておくとよいでしょう。交渉相手の趣味や日常生活を知っておくことも大切です。

国家間の外交交渉でも、大使館員が事前に相手方の情報を細かく入手することがあります。サミットの前に議長国の首脳が参加各国をまわって親睦《しんぼく》を深めるのも同じ理由です。会議を成功に導くためには、事前準備のエネルギーを怠ってはならないのです。これこそが科学的な予測と制御ではないでしょうか。

周到に準備された話題は、会議が気まずくなってからもちだすだけでなく、話し合いの最初に出しても、もちろんよいでしょう。

気分転換のメニューはあらかじめ準備しておく

さて、話がもつれる前にうまく場をはずせた場合には、その後はできるだけ早く、もとのテーブルに戻りたいものです。自分の頭を冷静な状態に戻し、もう一度、議論を再開したいと思いますよね。

すばやくクールダウンするには、それなりの工夫がいります。

まず、廊下に出たりして、物理的に場所を換えて気分を転換する。席をはずしているあいだにコーヒーを飲んだり、チョコレートやアメなど好きなものを食べたりするのもよいでしょう。タブレットやスマホをもっているなら、好きな音楽を聴くと、より効果的。気に入った詩集なんかを持ち歩くのもよいでしょう。いわば自分なりの「気分転換法」です。

こうして気分転換することによって、落ち着きを取り戻すことができます。興奮した気分がおさまり、しだいにリラックスしてきたら、次に行うべき内容が見えてくるものです。ここから再度、案件に挑戦する。自分の頭はつねに冷静であったほうがよいのです。

ここでも事前の用意がカギとなります。飲み物でも音楽でも本でも、自分に合った心地よい状況を、どこにいてもつくりだせるように準備しておくのです。気持ちが落ち着く気分転換メニューを、ふだんから複数もつようにしておきます。

私の場合は、柑橘《かんきつ》類など好物の果物を食べると気分転換になるので、ドライフルーツをいつもカバンのなかに忍ばせています。メニューの数が多ければ多いほど、こうしたときには非常に心強いものです。

みなさんも各自で最適の方法を見つけていただきたいと思います。

言い回しに気をつける

最後に、「伝える技術」を磨くためには、何はともあれ言葉が重要であるということに戻って、この章を締めくくりたいと思います。

相手の価値観に合わせた言葉をどれだけ用意できるかで意思疎通は決まります。

私の場合、講演会などで火山について語るときには、聴衆の年齢、職業、人数などをあらかじめ細かく聞いておきます。それに応じて、どのような内容で、どのくらいの時間配分で進めたらよいか、プランをつくってから臨むようにしています。

たとえば、噴火災害の例を出すときにも、どのようなエピソードをもちだせばイメージしてもらえるかを考える。お客さんのもつ経験と知識によって、すぐにわかってもらえるか、ぜんぜん理解できないかに、歴然とした差が生じるのですから。

講演会までわざわざ足を運んでくださった人たちに聴いていただくのですから、こちらが相手に合わせて話を用意するのが当然なのです。ときには、あいだに挟む脱線話まで準備しておきます。火山がどうして噴火するかといった七面倒くさい話を延々としたのでは、聴衆は飽きてしまいます。

ところどころに私自身の失敗談などを入れて、しばし頭を休めてもらうようにします。ここで笑いを取ることができれば、講演は大成功。

相手に伝わりやすい言葉を前もって選び、興味をもってくれるような構成を組み立ててから臨む。そうすれば、たとえ身近でなかった話題でも関心を寄せてくれるものなのです。

第4章

「伝える技術」の達人になる

前の章では、自分のことを知り、相手に合わせるために、その自分を変えるための発想とテクニックについて考えました。

これでようやく、よい人間関係を築くための基礎、つまり、人の心に起きている基本的なメカニズム、相手の価値観を理解する方法、そして自分を知ることの重要性について解説してきたことになります。

ここまで準備が整ったところで、本章ではいよいよ「伝える技術」の達人になって、人に橋渡しをする内容に入っていきます。

ここからは、具体的な「伝える技術」を用いて、よい人間関係を構築することを考えましょう。「伝える技術」の達人になれれば、小は夫婦ゲンカから大は国際紛争まで解決することができるのです。

まずは目の前から。まわりにいる個人を相手に、わかりやすく伝える技術を紹介していきましょう。

表現の「代替案」をたくさん用意しておく

自分をとりまく人たちは、それぞれ異なる考え方をもっています。自分と価値観が違う相手に合わせるためには、価値観のオプションがいくつかあるとよいでしょう。複数の代替案《だいたいあん》（バリエーション）を用意することで、価値観の橋渡しが容易になります。

この数は多ければ多いほどよいのです。その結果、自分だけでなく相手の側も、自分に合わせて行動してくれるようになるからです。

このような処方箋を数多くもつには、それなりの訓練が必要です。ふだんから価値観の異なるオプションを思いつくように、頭を柔軟にしておくことが、とても役に立ちます。

たとえば、一つの説明だけで理解してもらえないときには、即座にたくさんの代替案を出すようにします。

比喩《ひゆ》をいろいろと用いて表現することも大切。言いたい内容は同じでも、言い回しによって理解されたり理解されなかったりするからです。つまり、ピンとくるような言い方は実際には限られるのです。

どれが相手にふさわしいのかは、やってみなければわからないことが多いものです。したがって、代替案は多ければ多いほど、価値観の橋渡しには有利なのです。

なお、代替案を出すにあたって大切なのは、「一人ひとりをターゲットにして考える」ということ。だれにでも当てはまるオプションなど存在しないからです。

一〇〇万人向けの商品というものはありません。個々のニーズに合わせて商品はつくらなければなりません。最近では自動車の内装だけでなくマンションの間取りまで、カスタマイズ・オプションとなってきました。これと同様に、相手に合わせたコミュニケーションの代替案を出せるかどうかがポイントとなります。

価値観の橋渡しに際しては、必ず「個人メニュー」を用意します。相手の親しみやすい言い回しに換えるのが、はじめの一歩。最初に言葉の代替案をたくさん準備する必要があるのです。

これに関して、私には苦い失敗があります。火山の講演会をはじめて頼まれたころ、学会発表のように火山学の専門用語を使って話をしたことがあります。受講した方からは、何を質問したらよいのかもわからないくらい難しかった、と言われてしまったのです。火山について何も知らない人に、専門用語でしゃべっても理解できないのは当然のことでした。

漢語や熟語も、話し言葉としては適しません。意味の明確な漢語も、口頭での「伝える技術」という視点ではマイナスに働きます。

「基本的生活習慣の確立は、脳の明晰《めいせき》な活動に資する」

こう言われても頭に入ってきません。

「毎日、夜早く寝て朝ひとりでに目が覚めるような生活を送れば、頭はよく働きます」

このように、やさしく表現する代替案をもっていたほうが、明らかによく伝わるのです。

同じようなことは、異なる世代間の「伝える技術」にも生じます。五十代の私の感覚で若い人たちに理念や教訓を一方的に話しても、彼らはほとんど理解できないでしょう。環境や経験を共有できるような内容でないと、話の中身がピンとこないのです。

たとえ話とエピソード

代替案として有効に使えるものに、たとえ話があります。難しい話でなくても、比喩を使うと相手に効果的に伝わりやすいのです。

ただし、たとえ話といっても、相手の価値観に合う話題を用意する必要があります。たとえば、経済が得意な人には、相場や経理に関するたとえ話を使う。福祉の世界にいる人に伝えるのならば、介護や保育の例を使うとよいでしょう。相手の職業や立場に合わせて、たとえ話や例を前もって準備しておくのです。

比喩に関しても同様で、レパートリーを多くもっておくことが大切。イソップ童話は、身近な動物などの例を用いて辛辣《しんらつ》に人生を説いた作品です。上手な比喩を使ってみごとに伝えているので、長い年月を耐えて古典としていまに残ったのです。

たとえ話を見つけるのが難しい場合には、具体的なエピソードを使うとよいでしょう。『広辞苑』によれば、エピソードとは「物語や事件の本筋の間に挿入する小話」とあります。自分が体験したものでもかまわないですし、知人や歴史上の人物のエピソードでもよいのです。

相手にとって身近なエピソードであれば、何でも役に立つと考えて差し支えありません。ここでも、相手の価値観が見えているかどうかがポイントとなります。

私が専門としている火山の防災を一般市民に伝える場合にも、しばしばこの方法を用いているのです。噴火の危険性について、私自身が経験したエピソードからいつも話を始めるようにしています。

人は単刀直入に物事を伝えられると、拒否感を示す場合があります。火山噴火のような、とうてい身近とはいえない内容の場合には、とくに拒絶反応が大きくなるものです。

こうした状態に陥るのを避けるために、聴衆が参加しやすいと思われる話題を前もって用意しておきます。理解しやすい話を先に聞いてもらい、ひとまず話題に乗ってもらうのです。そのあとで、こちらが伝えたい事実や考えをゆっくりと伝達するようにします。

たとえば、一九八六年の伊豆大島の噴火のときに私自身が火山弾に追いかけられ、命からがら逃げた話を、インディ・ジョーンズまがいの冒険譚《たん》として、おもしろおかしく話すのです。火山学という身近ではない話題も、こうすると受け入れてもらいやすくなります。

「ビジュアル」で視覚に訴える

代替案は言葉だけではありません。「百聞は一見に如《し》かず」ということわざがありますが、目に訴える方法もあります。写真の発明は、価値観の橋渡しにとっても画期的なことでした。言葉による説明がなくても、一瞬にして見たままを納得できるからです。

その後も、映画やテレビといった映像の進化によって、説得力が飛躍的に増していきました。その結果、世界じゅうのまったく見知らぬことが、映像に乗って私たちにも身近な出来事に感じられるようになったのです。

価値観の橋渡しに視聴覚教材を用いるのは、現在でも効果的です。ビジネスの現場では、プレゼンテーションがものを言うことが多いでしょう。パワーポイントなどを使って写真や動画を効果的に挿入する方法は、いまでは日常的な手段となっています。

ビジュアルで理解してもらう場合に、テレビ番組で使われている方法には参考になる例がたくさんあります。とくにNHKの子ども向け番組は、価値観の橋渡しの宝庫です。

ビジュアルの代替案は、写真や動画などの映像だけではありません。ある種の人たちにとっては、数式さえもが重要な代替案になるのです。たとえば、理系の聴衆に伝えようとするときには、文章で書くよりも数式のほうがよい場合があります。

私の友人の物理学者は、すぐに「文章はやめて数式で書いて」と言います。言葉で長く説明するよりも、数式の左辺と右辺を視覚的に見れば、たちどころに内容が理解できるというのです。

驚くべきことに、すべての事柄を数式の入った関数で表現すると、頭の中にスッキリ入る人種も存在するのです。したがって、代替案はわかりやすい言葉、ふだんよく目にする事象

価値観の橋渡しは
相手の頭の形にあわせて
詩ならわかりやすいわ
♪うさぎおいしいかめ…
詩
うさぎさん
かめさん
数式のほうがダンゼンわかりやすいですよ!!
0!!!
物理学
カマタ先生

という固定観念をもってはなりません。

価値観の橋渡しでは、自分と相手との頭の価値観が違うことをつねに認識していなければなりません。相手が四角い頭の場合には、内容を四角く変えて注入するのでなければ効果がありません。四角には四角で、子どもにはマンガで、物理学者には数式で。すべて相手の頭の形に合わせて伝達するのがベストと考えておきましょう。

余計なものは捨てる

これまでに述べた代替案の話には、「人は見たいものだけを見る」という重要な考え方が根底にあります。どんな人も自分の価値観に合うものだけを見ながら生きているのです。

このことを心理学では「認知論」と言うのですが、世の中にはこの認知論を上手に使って成功した人がいます。日本画の大家である東山魁夷《かいい》は、彼の代表作の一つである「道」について、こう語っています。


これを描くときには、道だけで絵になるかしらと思いました。しかし、道だけしか描く気持ちはありませんでした。実際は、正面には灯台が見えていましたし、牧場の柵などもあって、放牧の馬も遠くには見えていたのですが、そういうものを全部取り去って道だけにしたのです。

(『道は無窮なり——東山魁夷に学ぶこと』佐々木徹、『月刊美術』二〇〇二年十二月号、No.327、実業之日本社、五〇〜五二ページ)

これは「道」と題された一九五〇年の作品についての発言です。四十二歳のときに描かれた彼の代表作で、東京国立近代美術館に所蔵されています。東山は周囲に見えていたものをすべて取り去って、ただひと筋だけの道を描いたと言います。

つまり、絵を鑑賞する人の認知に「道」だけが引っかかるように、彼は灯台や馬や柵をわざわざ排除したのです。言い換えれば、「灯台」や「柵」に思い入れのある人に、作者の見せたい「道」が伝わらないことを避けたのです。同じように「馬」には敏感に反応する人に対しても、道の邪魔にならないように配慮しました。その結果、東山魁夷の絵はひと筋の道だけになったのです。

東山は、鑑賞者は画家が見せたいもの以外にけっこう引っかかってしまうことを熟知していました。よって、強調したいもの以外の余計なことは、すべて捨ててしまったのです。不要なものをどんどん捨象《しゃしょう》していくことで、モチーフがスッキリと浮かび上がり、この絵は東山の出世作となりました。

価値観の橋渡しを的確に行うために、ときには相手の意識が散漫になることは、前もってはずしておくのもおすすめなのです。この考え方は、「伝える技術」の達人を心がける際にはたいへん重要です。

夫婦のあいだで命令口調がダメな理由

「伝える技術」の達人になるために、会話のなかでいかにして相手とコミュニケーションをとればよいか、について次に考えてみましょう。話し言葉は、その使い方しだいで、相手の気持ちを大きく左右します。

たとえば、人に命令的な口調でものを言った場合にはどうなるでしょうか。命令すると、相手によっては、ただちに動いてくれるかもしれません。しかし同時に、言われた相手は威圧的に感じ、反発が生まれてくる可能性もあります。

命令口調は、目の前に火事が迫っているときなど、有無を言わさず迅速に行動を起こさせるにはよいかもしれません。しかし、日常で使うには副作用が大きく、決してすすめられる話法ではないのです。

命令口調が有効である場合には、じつはいくつかの条件が前もって必要です。

まず、話し手と聞き手のあいだで上下関係が確立していなければなりません。さらに、その距離は課長と課長代理程度の近い上下ではなく、大企業の会長と新入社員ほどの差があったほうが安全です。よって、夫が妻に対して、または妻が夫に対して命令口調で言った場合には、うまく事が運ぶわけがないのです。

もう一つ、命令口調を使える場合があります。当該の問題に対して、命令する側が図抜けた能力をもち、受け手が及びもつかない知識と経験をもちあわせている場合です。たとえば、人間国宝の職人と新入りのあいだでは命令口調が有効でしょう。絶対的な上下関係があるときは、命令口調を受けても反発が生じることは少ないからです。

ちなみに、学校の教員と生徒の距離は、命令口調を用いるには中途半端。勉強の質問から人生の処世術まで的確にすべてに答えられる先生は、実際にはそう多くはないでしょう。したがって学校では、命令口調を使っても生徒は動かず、しばしば逆効果になることが多いのです。

命令口調を使ってもよい場合のキーワードは、「絶対的な上下関係」「効果がすぐ出る」「反発を受けない」。

以下では、ふつうの相手に指示を与えたり、動いてほしいときに使う話し方をいくつか紹介していきましょう。

指示に聞こえない京言葉の魔法

ていねいな言葉は目上の人にだけ使うもの——そう思ってはいないでしょうか。

上下関係を見て、目下の人間にはぞんざいな言葉を投げつける人がよくいます。実際には、とんでもない誤解をしていて、人間関係でたいへんな損をしているのです。

ていねいな言い方には、相手の防御心や心の壁をなくす効果があります。やわらかい表現と言ったほうがわかりやすいかもしれません。ここには「伝える技術」の達人になるための知恵が隠されているのです。

代表的なものに京都で伝統的に使われている「京言葉」があります。

「○○してもうても、よろしいやろか？」

「べつに、してくれはらへんでも、かまへんのやけど……」

見かけは優しそうなのですが、言っている内容はけっこうきついことが多い。トゲがあったり、拒否や命令であったりすることも往々にしてあります。

「ほんまに、いけずな人どすなぁ。すかんわぁ」

そう言われたとき、その本意は何でしょうか。じつは「オマエなんか大嫌いだ」と言っているのです。

「ありがとうございます。ほな、その話は、ゆっくりあとで考えさせていただきますぅ」

これは「断固お断りします」なのです。

しかし、「断固」というニュアンスは京言葉のやわらかい表現に隠されて、心の中身までは見えなくなっています。これが言葉のもつ威力なのです。

「あとからでかましまへんし、玄関の大きい荷物、運んどいてもろてもよろしいやろか？」

こう言われたら、運んであげてもいいかな、となんとなく思ってしまいます。和服を着た妙齢の女性に笑顔で言われたら、たいていの男はしたがうでしょう。ところが、彼女の心の中は「玄関のデカイ荷物さっさと運ばんかい、このボケ！」かもしれないのです。

まったく同じ内容でも、やわらかい言い回しに包まれると、多くの人はすんなりと受けてしまう。ここがミソなのです。ていねいな言葉に対しては拒絶や反発がずっと少なくなるものです。

「そこの書類を取ってもらってもいいですか？」

「窓を開けてもらえると嬉しいのですが」

「コピーをお願いしてもよろしいですか？」

何気ないセリフでしょうが、これらは相手に対して決して威圧的には聞こえません。むしろ、気持ちのよい印象を与えるのです。

ここで大事なことは、相手に断ってもよいと思わせる余地があることです。できなければ「ノー」と言えるような依頼文になっています。この点が、「そこの書類取って」「窓を開けてよ」「コピーして」とは、決定的に異なっています。

このような言葉には、バッファー（緩衝剤《かんしょうざい》）の効果があります。バッファーがあり、受け手の意志を尊重してくれた依頼になっていて、聞いたほうもおおらかな気分になるものです。

その結果、「この人感じいいし、いま忙しいけれどやってあげようかな」という気になるのです。これが、ていねいな言葉が効果的となる理由なのです。最終的に相手に気持ちよく行動してもらえば、「伝える技術」の達人への階段をまた一つ昇ることになります。

ていねいな表現を発する際には、間《ま》の取り方も重要です。「ノー」の言葉が言えるまでの時間的な間を少しもたせるのです。わずかな間によって、「主導権はあなたにあるのですよ」というメッセージがつけくわわります。こんな思いやりによって、相手は負担なく動いてくれるのです。

否定するときは「のし言葉」をつける

相手の発言や行動が自分の本意でなかった場合でも、いきなり相手の言動を否定しないほうがよいでしょう。相手の理解がまちがっている、あるいは自分のほうが理にかなっていると確信することはよくあります。そういったときでも、ストレートにそれを述べるのではなく、「のし言葉」をつけてから話を進めるのです。贈答品につける熨斗のような飾り言葉です。

「いちおう念のためですが、……」

「参考までにですが、……」

「これでもＯＫですが、……」

冒頭にこうした「のし言葉」をつけるようにします。こうすると、否定されたほうもずっと聞きやすくなります。

「のし言葉」は、頑固な相手にはとくにおすすめです。

たとえば舅《しゅうと》や姑《しゅうとめ》に対して、あるいは畑違いの分野から着任した天下りの上司など、いずれも自分とは価値観が大きく異なる人への対策。こうした人に対しては、相手の発言をいったん肯定的に受け止めてから話を進めるのです。まず相手にＯＫを出して、しばらくしてから、こちらの意図を切り出すのです。

相手は正しいと思っているので、いきなり否定されると気分を害しかねません。突然、否定語を浴びせられれば、だれでも反発するでしょう。

したがって、話は時間をかけてゆっくりと進めていく。そして相手がすでにもっている価値観では、ほんとうの解決にはいたらないことを、ていねいに伝えていきます。間《ま》を取ることがとても大切なのです。

「私は○○と思うのですが」というフレーズも便利です。

この言葉には「私の言うことは、ひょっとしたらまちがいかもしれません」「世間では一般的ではないかもしれません」「ほんとうはあなたが正しいかもしれません」といった譲歩のメッセージが含まれています。

最初に「個人的な私の思い込みかもしれませんが」というニュアンスを伝えることによって、相手の反発をやわらげることができます。

これらを上手に使って、相手に不快感が生じるのを回避しながら、こちらの意志をていねいに伝えるのです。相手の価値観を尊重する心構えで謙虚な言葉を選び、いま話題にしている問題の解決だけを図ることに集中します。

相手がまちがっているときでも、威圧的にまちがいを指摘したのでは相手は決して納得しません。

「この点に関しては、たまたま自分のほうが正しいようです」といった言葉づかいをするようにします。こうすることによって、媚《こ》びるのでもへりくだるのでもなく、ていねいに、かつ毅然とした態度で当方の考え方を伝えることができるのです。

偉そうに話したのでは何も改善されないでしょう。言葉をていねいに選ぶ背後には、相手を大切にする思いやりが隠れています。

正しいとはわかっていても……

さて、これまで述べた諸々の手法を用いても、うまくいかないことは往々にしてあります。言葉のうえでは反対していないが、顔色を見ると、相手が抵抗しているのが手に取るように読み取れることは少なくありません。これは、相手が心からは納得していないサインなのです。

仮に正しいとはわかっていても、感情や心の抵抗（壁）が、その遂行を邪魔することはよくあります。こうしたマイナスの状態を最小限に抑えることができれば、お互いに幸せなはずです。

このようなときにどうすればよいかについて、解決策を考えてみましょう。こちらの伝えたいことを言う前に、まずは地ならしをするのです。

「心理的な抵抗」を解消するために知っていると便利な方法を、以下ではいくつか紹介します。

スムーズな関係を築く「呼び水法」

「伝える技術」は最初が肝心です。はじめから角《つの》と角を突き合わせるようなハードな話し合いをするのは、得策ではありません。

したがって、当該の案件とは別の内容をもちだして、相手が話しやすいテーマやリラックスできる話題から会話を切り出して、互いの気持ちをほぐしていくのが、当たり前ですが効果的な方法となります。

たとえば、ボーイスカウトなどのキャンプでは、はじめて出会った人たちの緊張をほぐすために「アイス・ブレイク」と呼ばれる小さな遊びを入れます。

また国際会議でも、正式のセッションが始まる前日の夕方に、アイス・ブレイクとなるビアパーティが催《もよお》されます。

これと同じように、本題に入る前に、合意に達しやすい話を呼び水にして、スムーズな関係を先につくってしまうのです。いわば会話の「呼び水法」と言ってもよいもので、前章で述べた「お天気雑談法」と同じ発想に由来しています。

相手が受け取りやすい「スローボール法」

相手の価値観が自分と大きく異なることを察知しても、決して焦ってはいけません。

こういった場合には、価値観の軌道修正をして、こちらの言いたいことを少し薄めたものを先に伝えてみます。「伝える技術」の達人の腕の見せどころでもあります。

こちらの価値観を乗せた豪速球を投げつけると、大きな抵抗が生まれるでしょう。したがって、最初はスローボールを投げて、余計な警戒心を取ってもらうのです。

「それもよいですね。でも、こんな方法を考えてもよいのではないでしょうか」

こういった感じで言葉を添えながら、ていねいに話を進めていくのです。「スローボール法」とでも名づけておきましょう。

ここでのポイントも、まずは相手の言うことをいったんは素直に受け止めること。一度は相手を受容することによって、抵抗のエネルギーを低くしてもらいます。

もし、それでも拒否反応がまだ強い場合には、それ以上は話を進めないようにします。いったん休止を入れるのです。相撲で言うところの「水入り」を使うのです。そして、しばらく時間がたってから、あらためてやんわりと話を復活してみるのです。

説得力を増す「虎の威を借る法」

相手に説明するときには、だれもが認めるような権威のある人の言葉を使うのも効果的です。自分と相手との関係があまり円滑ではないときには、同じ内容を言っても納得してもらえないことが多々あります。

そのような場合には、「社長が言っていたのですが」「○○という学者が述べていましたが」と、いわゆる権威のある人の発言を使わせてもらうとよいでしょう。

こうした前置きから話を始めると、こちらの独断で決めた話ではないと思ってもらえるのです。まずは権威や信頼のある他人に語ってもらって、そのあとでゆっくりと自分の意図を通す。積極的に「虎の威を借る」のです。

余談ですが、私は著書のなかに、ほかの書籍からの引用文をしばしば挿入します。先人たちの知恵を読者に伝えたいと思う一心からなのですが、読者から「この引用で説得力が増しましたね」と感想をいただくことがあります。著者としてはちょっと複雑な気持ちにもなりますが、お役に立てればそれでよいと思っています。

「虎の威を借る」とは、世間ではマイナスの内容として使われることが多いかもしれません。しかし、相手に納得してもらうための方法としては、必ずしも悪いことではないように思います。虎の威をプラスに使いながら、相手の抵抗を回避するのもおすすめなのです。

相手の反発を口にする「先手必勝法」

相手が反発する前に、上手に機先《きせん》を制する方法があります。

「きっと気に入らないかもしれないけどね」

このように、相手の抵抗をあらかじめ予測して、先に口に出してしまいます。こうすると「いや、そうでもないよ」という答えが返ってくることが多いでしょう。相手が譲歩してくれればひと安心。目的に向かって駒《こま》が一つ前進するのです。

「いまから言うことは、たいへん失礼なことかもしれないけれども」

こうやって先に言ってしまえば、たいていの場合には「なんて失礼なやつだ」とは決してならないのです。

人間関係における言葉のやりとりも、つねに先手必勝のようで、先に発して主導権を握ると、あとがやりやすくなります。

ここでのポイントは、「自分の話をはじめて聞いた相手は、このように思うだろう」と予測を立てること。それに沿って、効果的に先手を打つ前ふりの表現を用意しておくのです。

たとえば「常識外れと思われるかもしれない」と予測できたら、「いまからする話は、常識外れと思われるかもしれませんが」と、その予測をそのまま前置きにして口に出してから話を始めるようにします。

何事も結論を急いではいけないのです。

相手が勝手に折れる「天の邪鬼法」

それでも相手が頑固に自分の考えを変えてくれないときがあります。こういった場合には、相手の望む方向に沿って、話を極端にまで進めてみます。すると相手は案外と折れてくれるのです。

たとえば、夫婦ゲンカについて相談を受けたとします。「夫は最低だ」と息巻いて主張する奥さんに「そんなことはないですよ。彼にもよいところがあるではありませんか」と言うと、「そんなところは微塵《みじん》もない！　あなたは彼の本性を知らないから、そんな勝手なことが言えるんです！」と返ってくるでしょう。

それほどまでに感情の糸がもつれているときには、いっそのこと「そうだ、そうだ。あなたの夫は最低の人間だ」といっしょにけなしてみます。すると、そのうち奥さんは「いや、それほどでもないです……」と言い出すようになります。こちらの思わぬ加勢に怯《ひる》んでしまうのです。

ここで働いている心理構造は、いわゆる天《あま》の邪鬼《じゃく》。相手が天の邪鬼になろうとする気持ちにていねいに寄り添いながら、話を合わせていきます。そのうち相手がみずから逆の方向の言葉を発するように、助けてあげるのです。

気持ちがうまくプラスに向いて、夫婦関係が円満になれば、天の邪鬼と言っても許してもらえるでしょう。手間暇をかける価値は大いにあるのです。

「場の空気」は馬鹿にはできない

さてここからは、大勢の人への働きかけの基本となる考え方を紹介したいと思います。前項までにご紹介した個人への橋渡しの手法から、集団に橋渡しをする内容へと場を広げてみます。多数の人とかかわる際の問題解決を図り、集団にブリッジする方法です。

最初に、いくつかのキー概念を紹介しましょう。

「空気」という言葉があります。空気とはもちろん物質的な意味の大気ではなく、ある集団のなかでみんなが漠然と考えている抽象的な内容です。そのときの流れとでも言ったらよいでしょうか。大多数の人の常識であり通念であり、コモンセンスと言ってもよいかもしれません。

人が集まる場においては、よい空気をつくりあげることが最初の大切な仕事なのは言うまでもありません。じつはこの空気は、多くの人に何かを伝えるときには強い味方となるからです。

しばらく前に、若い人たちのあいだで「ＫＹ」（空気が読めない）という言葉がはやりました（32ページのＱ２参照）。テレビのバラエティ番組で話題となり、その後、日常的に使われるようになりましたが、じつに当を得た言葉です。繰り出したボケやギャグに対して観客が笑ったか笑わなかったかを敏感に察知する、芸人ならではの着眼点から生まれた言葉です。

たしかに学校でも職場でも、「空気が読めない」人は多いもの。だれもがＫＹの出現には困っています。世間では「空気が読める」行為が重視されるのです。「場の空気」はいまでも決して馬鹿にはできません。

みんなを巻き込む「ノリのよさ」

適切な「場の空気」をつくりだすには、大勢でいっしょに盛り上がることが非常に大切です。いわゆる「ノリ」です。「場の空気」を参加者全員でつくってしまうのです。「ノリがいい人」は、だれも嫌いにはならないもの。こちらのノリのよさにしたがってもらい、「場の空気」を一気につくりあげてしまうのです。

ノリとは、言葉、表情、身ぶり、服装などあらゆるものから醸し出されるので、だれでもつくりだすことが可能です。みんなでよいイメージを創出し、そのイメージで互いに盛り上がり、いつしか現実のものにして全員で共有してしまう。

これは一九七〇年代の環境問題の黎明期《れいめいき》に世界じゅうで広がった手法でもあります。科学の進歩が人類を幸福に導くと単純に信じられていた時代に、技術至上主義から脱却して自然破壊に歯止めをかけようとする動きが起こりました。

公害や地球環境に人々の目を向けてもらうため、従来とは異なる価値観、すなわちエコロジーという新しい価値観が導入されたのです。同じ「場の空気」を共有し、共通認識を高めていくポジティブな戦術と言ってもよいでしょう。

新たな価値観の構築は、小さな集団の場合にも当てはまります。

たとえば、何かの問題を話題にする場合でも、自分ひとりで悩んでいるのではないという連帯感が、問題解決に大きな弾みをつけることがあります。こうした感覚が仲間意識を生み、集団を動かす原動力となるのです。集団の帰属意識に働きかける方法です。

いったん集団がよい方向へと動き出したら、個人はそれほどの努力なしに行動を続けることができます。ここでは集団のなかに仲間意識が芽生えることが、最初の大事なポイントとなるのです。

私の場合には、科学の啓発活動の一環として「科学の伝道師」という言葉を最初に出してみました。具体的には、「みんなで共有できる教材をつくって、インターネットでシェアしよう！」といったわかりやすいスローガンを立てたのです。

実際には、さまざまな問題をクリアして煩雑《はんざつ》な作業も必要なのですが、最初に機運を高めてしまう行動が重要なのです。すると、とうていできそうにないと思われたことまで、多くの人の協力によって実現に近づいていきます。

「みんなでがんばろう」「夢に賭けよう」「実行あるのみ」といった言葉がけで、積極的に「ノリのよさ」を使って盛り上げて、笑顔と大きなリアクションで一気に士気を高めるのです。パフォーマンスによって多くの力を結集する、ダイナミックな手法でもあります。

他人事で自分の問題解決を図る「ゼミ・カウンセリング法」

「場の空気」をつくりだすのに加えて、大勢で「共有知」といえるものをつくりだす方法があります。私は授業や講演会で「ゼミ・カウンセリング」といった技法を使っています。

ゼミ・カウンセリングでは、相談者が自分の悩みについて話しはじめます。自分が抱える問題を私といっしょに気楽に考えることで、しだいに解決策へと導かれていくのです。

たとえば、大教室や講演会の場合には、紙に自由に質問を書いてもらい、私がそれに答えるQ&A方式をとっています。

相談者の抱えている問題について、その表面にある細かい現象ではなく、根底にある問題の構造を私が整理していきます。その過程で相談者は、自分自身で問題解決の糸口を見つけていくのです。

ちなみにゼミである以上、一対一ではなく、ほかの参加者もまわりにはいます。彼らは私たちのやりとりを聞きながら、問題を抱えているのは自分一人だけではないと気づき、連帯感をもつようになります。

私の提案するいくつかのアドバイスと、相談者が見つけた解決策の両者を聞いて、参加者のだれもが自分のもつ問題に対する解決策を見出していくのです。

このような学び方ができるゼミ・カウンセリングは、大勢の参加者がそれぞれ固有の問題を同時に解決できるという点で、きわめて画期的な手法です。私は大学のゼミや講義、あるいは講演会でこの手法を応用しているので「ゼミ・カウンセリング」と名づけました。

なお、ゼミ・カウンセリングは、心理学で「グループワーク」と呼ばれている技法の一種です。もともとグループワークは、アルコール依存症や不登校などに対して用いられてきました。似たような問題を抱えた人が、同じ場でいっしょに話しながら考えるので、安心して相談に加わることができます。

もともとカウンセリングでは、専門家であるカウンセラーと相談者であるクライエントが一対一で話す形式を基本としていました。個人カウンセリングが主流だったのですが、これに相談者の家族が加わった家族カウンセリングという形式が生まれたのです。さらに進んで、同じ問題を抱えた複数の人たちで行うグループワークのような集団カウンセリングの手法が、世界的には頻繁《ひんぱん》に行われるようになってきたのです。

さて、ゼミ・カウンセリングでは、「傍目《おかめ》八目《はちもく》」と呼ばれる状態を利用しています。将棋や囲碁では、指し手よりも周囲の観戦者のほうがより先の手を読める。この原理です。

これは、室町時代の能作者である世阿弥《ぜあみ》が説く「離《り》見《けん》の見《けん》」の効果をねらっていると言ってもよいでしょう。自分から離れたところに、もう一人の自分がいて、現在の自分の行動を主観から離れて観察するという意味です。

ときには、相談者の失敗体験から学ぶことができます。いわゆる「人のふり見てわがふり直せ」。あるいは「他山の石」として気軽にカウンセリングを活用する気持ちが生まれるのです。

そして最終的には、参加者の各自が新しい生き方や対応法を編み出していきます。ここでのポイントは、「仲間意識をもつ」こと。個人の気づきを喚起して、集団で意識を高めていくのです。

やっぱり見た目は大事

集団で意識を高めていく際には、ほかにも大事な点があります。しゃべる速さや声の質は重要なポイントです。

私の場合には、「場の空気」をつくりあげる最初の段階で、早口でテンポよく語りかけて聴衆のテンションを一気に上げるようにしています。大勢の前に立った瞬間に、元気で明るい「場の空気」をつくってしまうようにする。いわゆる「つかみ」や「イントロ」です。落語の「まくら」の機能もこれに相当するでしょう。話の本論は、そのあとからゆっくりと始めればよいのです。

話者の服装も、話す速度や声色に劣らず大事なポイントとなります。見た目に派手なファッションが、聴衆の注意を集めるための効果的な役割を果たします。第1章（43ページ）でも述べたように、人は第一印象で九割を判断する傾向があるからです。

私の場合には、テレビ番組に出演する際にこの方法を用いています。大学教授がとても着そうもない派手で明るい衣装で登場するようにしているのです。ここで一気に聴衆の関心をつかむ。大きな歓声が上がれば、視聴者への橋渡しの第一歩を踏み出したことになると思っています。

また、最初のトークで笑いを取るのも重要です。眠くなりかけていた聴衆も、ファッションと笑いの効果で起きてくれるかもしれません。あとは一気呵成《いっきかせい》に最後までいきいきと話を展開するのです。

ところで、私のアウトリーチ活動がどのように社会に還元されていくかについて語っておきたいと思います。啓発書、テレビ、講演会などで火山について学んだ人は、いざ自然災害に遭遇したときにも落ち着いて行動できるようになります。つまり、自分でわが身を守ることができるのです。

そもそも人間は、先が見えないことに対しては大きな不安をもち、ときにはパニック状態にまで陥るものです。

また、現実に起きていること以上に不安にかられ、ありもしない災害のデマを飛ばすこともあります。これは「風評被害」と呼ばれるものですが、火山地域で生計を営む人たちに経済的に大きな打撃をもたらすのです。このような被害は、火山現象についてよく知っているだけでも、未然に防ぐことが可能なのです。

若い人であれば、火山の学問そのものに興味をもち、専門家への道へと入っていくこともあるでしょう。現に私の周囲には、火山学に魅せられた結果、会社を辞めて大学院に入ってきた人がいます。

一方で、火山が実生活になんらかかわりのない人であっても、私たちをとりまく地球環境のダイナミズムを理解するうえで、火山現象はまたとない素材を提供してくれます。いわば「教養」としての地球科学です。

どちらにせよ、アウトリーチ活動に精を出して、「伝える技術」の達人になるべく汗をかいてきた結果は、思いがけないところで現れてきました。たとえば、もともと火山についてまったく関心のなかった新入生たちが、私がテレビに出て火山の説明をしたあとでは「身近な火山が……」と言い出すようになったのです。

私自身ですら気がつかないところで、科学に対する敷居が低くなってきたことは、ほんとうに喜ばしいことだと思っています。

おわりに

人とスムーズに意思疎通するための方法について、理系の人間である私は困り果てていました。火山学と地球科学を専門とする私は、火山や地球に関する話題についてならば、いくらでも話を合わせることができます。しかし、ほかの話題になると、いっこうに人と通じ合えないことがあるのです。

簡単にいえば、自分の得意分野以外の話題で盛り上がるのが、とても難しい。社会で生きていくうえで、これはたいへんに不便なことです。一人のオタク火山学者がずっと抱えてきた最大の問題でした。

私は十七年前に、地球科学の研究所から京都大学に移籍しました。研究所では文字どおり研究だけしかしない、いわば〝ひきこもり研究者〟だったのですが、大学に来て学生たちやビジネスパーソンの方々とつきあうようになってから、生活が一変しました。講義や会議、飲み会や人生相談など、人とコミュニケーションをとることが大きな仕事となったのです。

この過程では、本書でも述べた数々の失敗をくりかえしてきたのですが、近年〝オモロイ教授〟と呼ばれる存在に変身するまでの試行錯誤から見えてきたものが、本書の核となった「伝える技術」でした。

他人と話をうまく合わせられないもどかしさが、すべてのスタート。私自身が周囲の人とどのような会話を交わし、どういった反応を得てきたかについて、最初は詳細に分析してみました。つまり、人間関係を「人と人とのあいだのシステム」としてとらえなおしてみたのです。ここでは、たった一つだけ理解していただければよいと思います。よい人間関係は「価値観の橋渡し」にあることが体得できれば成功なのです。

私は本書にまとめた「伝える技術」を毎日の仕事に使っています。現在、火山学や地震学の研究成果をわかりやすく伝える仕事を続けているのですが、私が伝えなければならない相手は、火山についてまったく知識のない一般市民。火山が噴火を始めたときに、噴火現象に関する適切な知識をもっていないと、逃げ遅れたりして非常に危険です。

ここで一人でも多くの生命や財産を救うには、みんなの言葉で語りかけ、みんなの価値観に合った話を選ばなければなりません。市民と意思疎通するためには、専門家がもついくつかの常識は捨てなければなりませんでした。自分が所属する研究コミュニティよりも、世間の尺度で考えることを余儀なくされたと言ってもよいでしょう。そのためには、研究者としては当たり前の価値観やプライドを捨てることも必要だったのです。
専門家にまつわるこうしたコミュニケーション・ギャップの問題について、哲学者の鷲田清一氏は以下のように語っています。

インターネットとかが発達して、コミュニケーションが敏速で正確になったように言われます。でも、実際には、言葉が通じる広がりが、だんだん狭くなってきた。女子高生でも、物理学者でも、霞ヶ関でも、そこではものすごく複雑で細やかな伝達が行われているのに、一歩外に出ると、ほとんど伝達不能の状態が、今の時代にはあると思う。そこにはコミュニケーション圏のあいだのディスコミュニケーションということが起こっている。（中略）
気心の知れていない人には、論理を明快にして、話さないと絶対わからない。そういう練習を、意識的に親しい人との間でもやる。（中略）お互いの意識の差異をきちっと見つめる練習っていうのが必要だと思う。
（鷲田清一『哲学と文体の肌理《きめ》と』京都大学新聞、二〇〇三年八月一日）

まさにそのとおりです。哲学者も、私のように市民と向き合う仕事をしている科学者も、感じていることはまったく同じでした。専門化が極度に進んだ現代社会には、専門家と非専門家の乖離《かいり》という深刻な問題が横たわっています。

これからは「価値観の橋渡し」という考え方に基づいて、科学者が広く市民のために、わかりやすく物事を説明していかなければならないでしょう。そうしなければ、科学はますます世の中から縁遠く、訳のわからないものになってしまいます。

危機感をもった私は「科学の伝道師」と称して、コミュニケーションの研究にのめりこんでいきました。このモチベーションからできあがったのが本書だったのです。

しかし、価値観の橋渡しは、もちろん科学者だけに必要な考え方ではありません。他人と接するすべてのシチュエーションにおいて役立つものです。いまより広く良好な人間関係を保つためには必須の考え方でもあります。

たとえば「正義」という言葉は、価値観の一つです。だれにも、どの国家にも、どの宗教にも正義があります。これをみんなが振りかざしているかぎり、正義と正義の果てしないぶつかりあいは続き、決して解決にはいたりません。おしなべて戦争は、宗教戦争も経済戦争も、聖戦と呼ばれるこの正義の戦いから始まり、泥沼から抜け出せなくなる事例は枚挙に遑《いとま》がありません。

また「道徳」というのも価値観の一つです。道徳を振りまわせば、必ずそれに反発する人が現れます。道徳をめぐるこのような争いは人類を幸福にはしないでしょう。価値観がまったく異なる人には、自分の正義も道徳も倫理も通用しないのですから。

だからこそ、関係がうまくいかずに絡まってしまった現実は、価値観の観点でいったんほどいてみるとよいのではないでしょうか。両者の価値観の違いを冷静に点検できれば、問題のありかが明瞭に見えてくるはずです。

本書で説いた価値観の橋渡しは、異なる価値観を公平に見ることを主眼としています。無理にどちらかへ合わせようとはしないのです。

ドライな言い方をすれば、利益を得たいと思うほうが、価値観を相手方に譲って自分が利益を得ることへの賛同を取りつける。価値観には優劣がないと冷静に判断できれば、あらゆる人間関係のこじれは解消されるのではないかと私は考えています。

価値観の橋渡しには、科学者としての私の長年の活動が深くかかわっています。科学の視点はつねに冷静です。そもそも科学者が自然現象を見るときには、虚心坦懐《きょしんたんかい》に事物を観察しなければなりません。このときには、自分がそれまでもっていた価値観から解き放たれている必要があります。言い換えれば、旧来の価値観から自由になったときに、現象の本質が新たに見えてくるのです。

科学者はさまざまな現象を支配している原理を抽出《ちゅうしゅつ》して、モデル（作業仮説）を立てます。このモデルが現実に合っている場合には、そのまま先へと進んでいくのですが、どこかで合わない現実に遭遇すると、修正を加えて新しいモデルにします。

現実と合わなくなった古いモデルは、たとえ気に入っていたとしても、捨てなければなりません。過去の思い込み（価値観）を引きずっていては新しい発見ができないからです。

こうした作業を長年続けていると、自分の嗜好やイデオロギーに縛られて目の前の自然現象（相手）が見えなくなるのは、賢いやり方ではないとつくづく思います。自分の価値観が相手に合わないのであれば、即座に変更しなければならないことを科学者は肌身で知っています。

おそらく私は、しだいに価値観の掛け替えが無意識のうちにできるようになったのではないかと感じています。ここで培った方法論を人間関係に応用してみた結果が、私の「伝える技術」なのです。

ちなみに本書は、二〇〇八年に刊行した『ブリッジマンの技術』（講談社現代新書）に記した内容をベースにしながら、その後、雑誌やウェブ媒体で発表した新しいエピソードや方法論を加えて全面的に書き換えたものになっています。同じく理系的な発想で人脈のつくり方をまとめた『京大・鎌田流 一生モノの人脈術』（東洋経済新報社）を二〇一〇年に刊行していますので、あわせて活用していただければ幸いです。

本書で紹介した「価値観の橋渡し」という考え方とテクニックは、さまざまな場面で役に立つと自負しています。どうぞみなさんの創意工夫によって、コミュニケーション・ギャップの問題を手際よく、かつエレガントに解決していただければと思います。世の中に「伝える技術」の達人がたくさん誕生することを願ってやみません。

最後に、構成段階から文章表現にいたるまで非常にお世話になりましたＰＨＰ研究所新書出版部の林知輝氏に心よりお礼を申し上げます。

二〇一三年六月　世界じゅうから人が集まる京都の寓居にて

鎌田浩毅

鎌田浩毅［かまた・ひろき］

京都大学名誉教授、京都大学経営管理大学院客員教授、龍谷大学客員教授。1955年生まれ。筑波大学附属駒場高校卒業、東京大学理学部地学科卒業。通産省（現・経済産業省）を経て1997年より京都大学大学院人間・環境学研究科教授。理学博士(東京大学)。専門は火山学、地球科学、科学コミュニケーション。テレビや講演会で科学を楽しく解説する「科学の伝道師」。ドラマチックで巧みな語り口で行なう講義は多くの学生を惹きつけ、京大人気No.1講義として知られた。YouTube「京都大学最終講義」は108万回以上再生中。

著書に『知っておきたい地球科学』『火山噴火』(以上、岩波新書)、『地球の歴史』『マグマの地球科学』『理科系の読書術』(以上、中公新書)、『富士山噴火と南海トラフ』『地学ノススメ』(以上、ブルーバックス)、『成功術 時間の戦略』『世界がわかる理系の名著』（以上、文春新書）、『京大人気講義　生き抜くための地震学』『やりなおし高校地学』(以上、ちくま新書)、『理学博士の本棚』『揺れる大地を賢く生きる』(以上、角川新書)、『一生モノの人脈術』（東洋経済新報社）、『新版 一生モノの勉強法』(ちくま文庫、雑学文庫大賞受賞)など。

京大理系教授の伝える技術

PHP新書876

二〇一三年七月三十日　第一版第一刷
二〇二四年九月十二日　第一版第二刷

著者――鎌田浩毅
発行者――永田貴之
発行所――株式会社PHP研究所
東京本部――〒135-8137 江東区豊洲5-6-52
ビジネス・教養出版部 ☎03-3520-9615（編集）
普及部 ☎03-3520-9630（販売）
京都本部――〒601-8411 京都市南区西九条北ノ内町11
組版――有限会社エヴリ・シンク
装幀者――芦澤泰偉＋児崎雅淑
印刷所
製本所――大日本印刷株式会社

ISBN978-4-569-81332-5

PHP新書

PHP INTERFACE
https://www.php.co.jp/

ＰＨＰ新書刊行にあたって

「繁栄を通じて平和と幸福を」（PEACE and HAPPINESS through PROSPERITY）の願いのもと、ＰＨＰ研究所が創設されて今年で五十周年を迎えます。その歩みは、日本人が先の戦争を乗り越え、並々ならぬ努力を続けて、今日の繁栄を築き上げてきた軌跡に重なります。

しかし、平和で豊かな生活を手にした現在、多くの日本人は、自分が何のために生きているのか、どのように生きていきたいのかを、見失いつつあるように思われます。そして、その間にも、日本国内や世界のみならず地球規模での大きな変化が日々生起し、解決すべき問題となって私たちのもとに押し寄せてきます。

このような時代に人生の確かな価値を見出し、生きる喜びに満ちあふれた社会を実現するために、いま何が求められているのでしょうか。それは、先達が培ってきた知恵を紡ぎ直すこと、その上で自分たち一人一人がおかれた現実と進むべき未来について丹念に考えていくこと以外にはありません。

その営みは、単なる知識に終わらない深い思索へ、そしてよく生きるための哲学への旅でもあります。弊所が創設五十周年を迎えましたのを機に、ＰＨＰ新書を創刊し、この新たな旅を読者と共に歩んでいきたいと思っています。多くの読者の共感と支援を心よりお願いいたします。

一九九六年十月

ＰＨＰ研究所

PHP新書

［知的技術］

［人生・エッセイ］

377 上品な人、下品な人 山﨑武也
411 いい人生の生き方 江口克彦
424 日本人が知らない世界の歩き方 曽野綾子
431 人は誰もがリーダーである 平尾誠二
484 人間関係のしきたり 川北義則
500 おとなの叱り方 和田アキ子
507 頭がよくなるユダヤ人ジョーク集 烏賀陽正弘
575 エピソードで読む松下幸之助 PHP総合研究所［編著］
585 現役力 工藤公康
600 なぜ宇宙人は地球に来ない？ 松尾貴史
604 〈他人力〉を使えない上司はいらない！ 河合 薫
609 「51歳の左遷」からすべては始まった 川淵三郎
634 「優柔決断」のすすめ 古田敦也
653 筋《すじ》を通せば道は開ける 齋藤 孝
657 駅弁と歴史を楽しむ旅 金谷俊一郎
664 脇役力〈ワキヂカラ〉 田口 壮
671 晩節を汚さない生き方 鷲田小彌太
699 采配力《さいはいりょく》 川淵三郎
700 プロ弁護士の処世術 矢部正秋
702 プロ野球 最強のベストナイン 小野俊哉
714 野茂英雄 ロバート・ホワイティング［著］／松井みどり［訳］
722 長嶋的、野村的 青島健太
726 最強の中国占星法 東海林秀樹
736 他人と比べずに生きるには 高田明和
742 みっともない老い方 川北義則
763 気にしない技術 香山リカ
771 プロ野球 強すぎるチーム 弱すぎるチーム 小野俊哉
772 人に認められなくてもいい 勢古浩爾
782 エースの資格 江夏 豊
787 理想の野球 野村克也
793 大相撲新世紀 2005－2011 坪内祐三
809 なぜあの時あきらめなかったのか 小松成美
811 悩みを「力」に変える100の言葉 植西 聰
813 やめたくなったら、こう考える 有森裕子
814 老いの災厄 鈴木健二
815 考えずに、頭を使う 桜庭和志
822 あなたのお金はどこに消えた？ 本田 健
827 直感力 羽生善治
836 阪神の四番 新井貴浩
844 執着心 野村克也
850 伊良部秀輝 団 野村
855 投手論 吉井理人
859 みっともないお金の使い方 川北義則